D1555193

LES AVENTURES D'ARSÈNE LUPIN

MAURICE LEBLANC

Adaptation
MICHEL LAPORTE

Édition enrichie d'un dossier pédagogique
CÉCILE SCHWARTZ

HACHETTE
Français langue étrangère
http://www.fle.hachette-livre.fr

Pour découvrir nos nouveautés,
consulter notre catalogue en ligne,
contacter nos diffuseurs, ou nous écrire,
rendez-vous sur Internet :

www.fle.hachette-livre.fr

Couverture et conception graphique : Guylaine Moi
Composition et maquette : Joseph Dorly éditions, Médiamax
Illustrations : Jean-François Henry
Iconographie : Christine de Bissy, Brigitte Hammond

ISBN 2 01155280-X

© Hachette Livre 2004, 43 quai de Grenelle, 75905 Paris cedex 15

Sommaire

Pour aller plus loin...
Le texte original est disponible sous les titres *Arsène Lupin gentleman cambrioleur* et *les Confidences d'Arsène Lupin*, dans la collection **Le Livre de Poche** (Hachette).

NB : les mots accompagnés d'un * dans le texte sont expliqués dans « Mots et expressions », en page 79.

L'œuvre et son auteur

Le collier de la reine Marie-Antoinette, l'héritage si précieux des Dreux-Soubise, a été dérobé. L'enquête du commissaire Valorbe piétine et le juge, tout aussi bredouille, classe l'affaire. Vingt-cinq ans plus tard, le chevalier Floriani résout brillamment l'énigme, comme s'il avait assisté au premier vol du plus célèbre des cambrioleurs... Arsène Lupin.

Dans *Herlock Sholmes arrive trop tard*, Arsène Lupin fait honneur à la devise du château de Thibermesnil, « Fais ce que tu veux », en subtilisant tous les trésors de la propriété ! Le temps presse car Herlock Sholmes, le redoutable détective anglais, est attendu. Une autre surprise va contraindre notre ingénieux cambrioleur à faire preuve de tact et de sang-froid...

Dans *L'Écharpe de soie rouge*, Arsène Lupin joue les apprentis détectives et défie l'inspecteur Ganimard. L'enjeu est de taille, un saphir serait à l'origine d'un crime odieux.

Maurice Leblanc naît à Rouen, en 1864. Après ses études au lycée, le jeune Maurice est employé dans une usine qui fait des peignes pour la laine. Mais il passe son temps à écrire et son père le laisse partir pour Paris où il devient journaliste.

En 1905, il invente le personnage du gentleman cambrioleur. Le succès des aventures de ce Robin des Bois de la Belle Époque va durer plus de trente ans.

Maurice Leblanc meurt à Perpignan le 6 novembre 1941.

Repères

La série des *Arsène Lupin*

Année de parution	Titre
1907	Arsène Lupin, gentleman cambrioleur
1908	Arsène Lupin contre Herlock Sholmes
1909	L'Aiguille creuse
1910	813 : La Double Vie d'Arsène Lupin
	813 : Les Trois Crimes d'Arsène Lupin
1912	Le Bouchon de cristal
1913	Les Confidences d'Arsène Lupin
1915	L'Éclat d'obus
1917	Le Triangle d'or
1919	L'Île aux trente cercueils
1920	Les Dents du tigre
1923	Les Huit Coups de l'horloge
1924	La Comtesse de Cagliostro
1927	La Demoiselle aux yeux verts
1928	L'Agence Barnett et cie
1929	La Demeure mystérieuse
1930	La Barre-Y-Va
1932	La Femme aux deux sourires
1934	Victor de la brigade mondaine
1935	La Cagliostro se venge

– Oh, s'il vous plaît, racontez-nous une aventure de votre ami
Arsène Lupin.

Première aventure

Je ne sais pas pourquoi, mais beaucoup de gens croient que j'ai fréquenté Arsène Lupin autrefois. Je ne peux pas être en visite chez ma voisine, Mme de la Marque, sans qu'aussitôt son salon se remplisse. Toutes les dames et les demoiselles des environs, des petites-filles aux arrière-grand-mères, s'y donnent rendez-vous, m'entourent et me demandent :

– Oh, s'il vous plaît, racontez-nous une aventure de votre ami Arsène Lupin.

Pour être tranquille, j'ai souvent envie de répondre que je ne l'ai pas connu. Que je ne suis même pas sûr qu'il ait existé. Ce sont les journalistes qui ont parlé de lui, et ce qu'impriment les journaux...

Seulement... seulement je n'ai pas le courage de le leur dire. Elles seraient tellement déçues. Et pour leur faire plaisir, je demande :

– Savez-vous comment il a commencé dans le métier du cambriolage ?

Toutes secouent leurs gentilles têtes. Alors, je ne peux pas m'empêcher de commencer à raconter...

Le collier de la reine

Deux ou trois fois par an, à l'occasion des fêtes importantes comme des bals ou des dîners dans le grand monde, la comtesse [1] de Dreux-Soubise met sur ses blanches épaules le collier de la reine.

C'est bien celui de l'affaire du collier de la reine, qui, au dix-huitième siècle, a fait détester la reine Marie-Antoinette par son peuple. Le célèbre collier qui, depuis, a tant fait parler de lui.

Seule la monture en or est la même. Les diamants [2] ont été vendus ici ou là. Bien plus tard, on les a remplacés par d'autres presque aussi beaux mais beaucoup moins chers.

Les Dreux-Soubise sont extrêmement fiers de ce bijou historique ; quand ils ont eu des difficultés d'argent, ils ont préféré diminuer leurs dépenses plutôt que de le vendre. Le comte actuel [3] y tient plus qu'à ses propres yeux et a loué un coffre-fort [4] au Crédit lyonnais, pour le garder à l'abri. Il va le chercher lui-même les jours où sa femme veut le porter et l'y remet en place le lendemain matin.

---

1. Comtesse : qui appartient à une grande et riche famille. C'est un titre comme celui de prince ou de chevalier.
2. Diamants : pierres qui ressemblent à du verre, brillent beaucoup et coûtent très cher.
3. Actuel : d'aujourd'hui.
4. Coffre-fort : boîte en fer très solide pour ranger l'argent, les bijoux.

Un soir, au bal du Palais de Castille, la comtesse a un grand succès ; tout le monde note sa beauté et celle plus magnifique encore du bijou qui brille à son cou et que personne d'autre, semble-t-il, ne pourrait porter avec autant d'élégance [1].

Après qu'ils sont rentrés dans leur maison ancienne du faubourg Saint-Germain, la comtesse tend le collier à son époux, qui l'admire longtemps. Puis il le range dans une petite boîte rouge et place cette boîte sur une étagère, au milieu des chapeaux et du linge, dans une petite pièce voisine. Sa seule porte s'ouvre juste au pied de leur lit.

Le lendemain, le comte se lève à neuf heures pour rapporter le bijou à la banque. Il s'habille, prend son café, descend pour faire préparer son cheval. Quand il remonte, sa femme n'a pas quitté la chambre et se coiffe, aidée par sa bonne [2]. Elle lui dit :

– Vous sortez ?

– Oui, pour cette course.

– En effet... C'est plus prudent.

Il entre dans la petite pièce et demande, sans être inquiet :

– Vous l'avez déplacé ?

– Pas du tout, mon ami.

– En êtes vous bien sûre ?

– Je n'y ai pas touché.

Il ressort, le visage terriblement blanc, et dit :

– Si ce n'est pas vous qui..., c'est que... c'est qu'il...

Ils allument une bougie [3] et cherchent comme des fous, renversent les vêtements, font tomber les chapeaux.

---

1. Élégance : qualité naturelle de ce qui est distingué.
2. Bonne : femme employée à tous les travaux dans une maison.
3. Bougie : outil non électrique qui donne de la lumière en brûlant.

Le comte admire longtemps le collier avant de le ranger.

Finalement, ils enlèvent de la petite pièce tout ce qui s'y trouve et doivent reconnaître que le collier a disparu.

Sans perdre de temps, la comtesse fait prévenir le commissaire Valorbe. On lui raconte ce qui se passe et aussitôt il demande :

– Êtes-vous sûrs que personne n'a pu traverser votre chambre cette nuit ?

– Complètement, répond le comte. J'ai le sommeil très léger. Et j'avais fermé la porte de la chambre. J'ai tourné la clef quand la bonne de ma femme a frappé.

– Il n'existe aucune autre issue que la porte pour entrer dans la petite pièce ?

– Aucune.

– Pas de fenêtre ?

– Si, mais il est impossible de l'ouvrir.

– Je voudrais le contrôler...

Le commissaire voit qu'il y a un meuble devant la fenêtre ; il ne la cache pas sur toute sa hauteur mais empêche qu'elle s'ouvre.

– Il y a deux étages au-dessus, dit le comte, mais un filet en fer empêche que l'on puisse descendre jusqu'ici. C'est pourquoi la cour est aussi sombre.

En déplaçant le meuble, le commissaire peut noter que la fenêtre est fermée, ce qui ne serait pas possible si quelqu'un était passé par là.

– Sauf, dit le comte, si le voleur est ressorti par notre chambre.

– Il n'aurait pas pu refermer la porte à clef, répond le commissaire.

Il réfléchit un bon moment puis se tourne vers la comtesse :

– Savait-on autour de vous que vous deviez porter le collier hier soir ?

– Ce n'était pas un secret. Mais personne ne sait

que nous le gardons dans cette petite pièce. À moins...

– À moins ? dit le commissaire. Je vous en prie, c'est très important.

– Je pensais à Henriette, dit-elle en regardant son mari.

– Henriette ? Elle ne le sait pas plus que les autres.

– Qui est cette dame, demande le commissaire.

– Une amie d'enfance qui s'est fâchée avec sa famille pour épouser une espèce d'ouvrier. À la mort de son mari, je l'ai prise chez moi avec son fils.

Elle ajoute avec une hésitation :

– Elle se rend utile en faisant de petits travaux. Elle est très habile de ses mains.

– Et à quel étage habite-t-elle ? demande le commissaire.

– Au premier, comme nous. Mon Dieu ! J'y pense... La fenêtre de sa cuisine ouvre...

– Justement sur cette cour ! dit le commissaire. Conduisez-moi chez elle !

Henriette est occupée à réparer un vêtement tandis que son fils Raoul, un petit garçon de six ou sept ans, lit près d'elle. Assez surpris de voir combien l'appartement qu'on lui a donné est pauvre et mal meublé, le commissaire l'interroge. Elle paraît très émue en apprenant le vol : la veille au soir, c'est elle qui a mis le collier au cou de la comtesse.

– Vous n'avez aucune idée ? demande le commissaire. Le coupable est peut-être passé par votre chambre.

Elle rit car elle ne peut pas penser qu'on la soupçonne*.

– Mais je n'ai pas quitté ma chambre. Je ne sors pas, moi.

Elle ouvre la fenêtre de la cuisine.

– Et puis regardez, il y a au moins trois mètres jusqu'à la fenêtre de la petite pièce.

– Comment savez-vous que le collier s'y trouvait ?

– Je le sais parce qu'on l'a dit devant moi.

Son visage, jeune encore mais marqué par les malheurs, montre une grande douceur. Cependant, dans le silence, elle a soudain une expression de peur, comme si un danger la menaçait. Elle attire son fils contre elle. L'enfant lui prend la main et y pose tendrement les lèvres.

– Je ne pense pas que vous puissiez la soupçonner, dit le comte au commissaire quand ils sont seuls. Elle est parfaitement honnête.

– Je suis de votre avis, répond M. Valorbe.

Le policier terminera là son enquête que le juge* va poursuivre à sa place quelques jours plus tard. Il interroge tous les domestiques, contrôle la serrure [1], fait des essais sur la fenêtre, explore la petite cour centimètre par centimètre. Il ne trouve rien. Pas d'explication. La serrure fonctionne. La fenêtre ne peut ni s'ouvrir ni se fermer de l'extérieur.

Les soupçons reviennent sur Henriette. On cherche dans sa vie. On découvre qu'en trois ans elle n'est sortie que quatre fois. En vérité, elle sert de bonne et fait de la couture pour la comtesse qui se montre très dure avec elle.

Au bout d'une semaine, le juge n'a pas du tout avancé :

– Nous sommes pris dans un double mystère : comment a-t-on pu entrer et, ce qui est beaucoup plus difficile, sortir en laissant derrière soi la porte et la fenêtre fermées.

---

1. Serrure : partie en fer d'une porte dans laquelle on met la clef.

Finalement, au bout de quatre mois, il finit par penser que les Dreux-Soubise, ayant eu besoin d'argent, ont vendu le collier en secret. Et il classe* l'affaire.

Le vol du bijou est un coup très dur pour les Dreux-Soubise. Sachant le collier perdu, tous ceux à qui ils doivent de l'argent viennent le demander. Ils se retrouveraient complètement ruinés si, heureusement pour eux, la mort de très riches parents n'arrivait juste pour les sauver. Mais ils souffrent beaucoup dans leur fierté et, bizarrement, la comtesse se met à détester son ancienne amie. Elle l'accuse du vol, l'envoie habiter au grenier, sous les toits. Puis, du jour au lendemain, la jette à la rue.

Et la vie continue, sans événements importants, à part cette lettre d'Henriette que la comtesse reçoit quelques mois plus tard :

« Madame,

Je ne sais comment vous remercier. Car c'est bien vous, n'est-ce pas, qui m'avez envoyé cela. Personne d'autre ne connaît mon adresse au fond de ce petit village. Si je me trompe, laissez-moi au moins vous dire merci pour tout ce que vous avez fait pour moi autrefois. »

Que veut-elle dire ? On lui demande de s'expliquer et elle répond qu'elle a reçu par la poste une enveloppe contenant deux billets de mille francs. Elle a été mise à la poste à Paris et ne porte que son adresse.

D'où viennent ces deux mille francs ? Qui les a envoyés ? La police essaie de s'informer mais ne trouve aucune piste*.

Une enveloppe arrive de nouveau douze mois plus tard, et une troisième, et une quatrième, et chaque année pendant six ans. La cinquième année, il y a quatre mille francs, ce qui permet à Henriette, qui est malade, de se soigner.

Au bout de six ans Henriette meurt. Le mystère reste entier.

*

* *

Les années ont passé. Les Dreux-Soubise ont invité à déjeuner leurs deux nièces, une cousine, le ministre Bochas, le général de Rouzières, ainsi que le chevalier Floriani, que le comte a rencontré en Sicile. Après le repas, les messieurs fument une cigarette en prenant le café. On parle d'abord de crimes célèbres. Puis, au risque de mettre le comte de mauvaise humeur, le général de Rouzières lance la conversation sur la disparition du collier. Aussitôt, chacun donne son explication, chacun refait l'enquête du commissaire, chacun donne son avis et, bien sûr, tous les avis sont différents.

– Et vous, chevalier, demande la comtesse, qu'en dites-vous ?

– Oh, moi, je n'ai pas d'opinion, madame.

Tout le monde proteste. Il vient de raconter si habilement les aventures qu'il a vécues avec son père, qui est juge à Palerme, et il n'aurait rien à dire !

– J'avoue qu'il m'est arrivé de réussir quand d'autres, très célèbres pourtant, avaient échoué. Mais je ne me prends pas pour Herlock Sholmes... Et je ne sais presque rien de l'affaire.

On se tourne vers le comte qui, sans enthousiasme, fait le récit de la disparition. Floriani l'écoute, réfléchit un moment, pose quelques questions, puis :

– C'est drôle, j'ai l'impression que le problème n'est pas très difficile.

Tout le monde se tourne vers le jeune homme, qui explique avec beaucoup de sérieux :

– En général, pour remonter au coupable d'un vol ou d'un crime, il faut trouver comment ce vol ou ce crime ont été commis. Dans cette affaire, rien n'est plus simple car une chose est sûre et certaine : le voleur ne pouvait entrer que par la porte ou par la fenêtre. Comme il n'a pu ouvrir la porte fermée à clef, il est donc entré par la fenêtre.

– On l'a trouvée fermée, crie le comte de Dreux-Soubise.

– Pour cela, continue le chevalier, il a suffi de jeter un pont d'une fenêtre à l'autre au-dessus de la cour.

– Mais je vous répète qu'elle était fermée.

Il en faut plus pour arrêter Floriani :

– Je veux bien croire qu'elle l'était. Mais n'y avait-il pas un vasistas [1] ?

– Comment le savez-vous ?

– Dans toutes les anciennes maisons comme la vôtre, les fenêtres ont un vasistas. Et puis, s'il n'y en avait pas, le vol serait impossible à expliquer.

– Il y en a un, dit le comte. Mais il était fermé aussi, et on ne s'en est même pas occupé.

– C'est une erreur. Je pense qu'il s'ouvre avec une ficelle [2] qu'on tire ?

– Oui, elle pendait derrière le meuble, dit le comte. Mais je ne comprends pas...

– Par une fente [3] dans la vitre [4] on a pu passer une baguette de fer très mince et, en tirant sur la ficelle, ouvrir le vasistas.

– Tout cela est très joli, dit le comte. Mais vous

1. Vasistas : petite fenêtre s'ouvrant dans une porte ou une fenêtre.
2. Ficelle : fine et longue, elle sert aussi à fabriquer les filets.
3. Fente : coupure, ouverture étroite et longue.
4. Vitre : morceau de verre plat et fin placé sur une fenêtre.

oubliez une chose, cher monsieur, c'est qu'il n'y a pas de fente dans la vitre !

– Il y en a une !

– On l'aurait vue !

– Pour voir, il faut regarder, et on n'a pas regardé. Il y a sûrement une fente, tout près du bois de la fenêtre.

Le comte se lève et fait trois fois le tour du salon à grands pas.

– Rien n'a changé dans la petite pièce... J'avoue qu'à la longue vous me donnez des doutes.

– Rien ne vous empêche d'aller voir, propose le chevalier.

L'instant qui suit est grave : en attendant le retour du comte, tout le monde garde le silence, comme si on sentait qu'enfin la vérité va être faite sur cette vieille affaire.

Le comte revient ; il a le visage blanc et sa voix tremble.

– Je vous demande pardon. Tout cela est si fantastique.

Sa femme l'interroge :

– Parlez, je vous en prie... Qu'y a-t-il ?

– La fente existe ; au bord de la vitre.

Tout le monde se tourne vers le chevalier que le comte invite à continuer :

– Vous aviez raison ; mais ce n'est pas fini. Que s'est-il passé à votre avis ?

– Eh bien, le voleur, sachant que madame la comtesse allait au bal a installé son petit pont au-dessus de la cour. Par la fenêtre il vous a vu cacher le collier. Dès que vous avez été endormis, il a coupé la vitre et ouvert le vasistas...

– Peut-être. Mais il est impossible, en passant le bras par le vasistas, d'atteindre la poignée de la fenêtre.

– Alors, c'est qu'il est entré par le vasistas !

Par la fenêtre il vous a vu cacher le collier.

– Impossible, il n'y a pas d'homme assez petit pour pouvoir passer par là.

– Alors c'est que ce n'était pas un homme.

– Comment ! s'écrient toutes à la fois les nièces, la cousine et Mme de Dreux-Soubise.

– Bien sûr. Si le passage est trop petit pour un homme, il ne l'est pas pour un enfant. Et ne m'avez-vous pas dit que votre amie Henriette avait un fils ?

– C'est vrai... Un fils qui s'appelait Raoul.

– Alors il faut croire que c'est Raoul qui a commis le vol.

– Quelle preuve avez-vous ?

– Des preuves... Le petit pont qui a permis à l'enfant de traverser la cour, il n'a pas pu l'apporter de dehors. On l'aurait vu. Il a utilisé ce qu'il a trouvé sur place. N'y a-t-il pas des étagères dans l'appartement d'Henriette ?

– Il y en a deux. Deux planches [1] fixées [2] au mur.

– Il faudrait regarder si elles sont vraiment fixées. Sinon, cela indiquera que l'enfant les a utilisées avant de les remettre à leur place. Peut-être aussi trouvera-t-on la baguette dont il s'est servi pour ouvrir le vasistas.

– Le comte va voir. Sans attendre qu'il revienne, tout le monde sait que le chevalier a raison, une fois de plus.

Aussi, personne n'est surpris quand, à son retour, le comte dit :

– Les étagères ne sont pas fixées et j'ai trouvé la baguette.

– C'est lui ! s'écrie la comtesse. Ou plus exactement c'est Henriette. C'est la mère qui lui a donné l'ordre de voler le collier !

---

1. Planche : morceau de bois long et plat.
2. Fixées : qu'on ne peut pas enlever ou bouger.

– Non madame, dit Floriani. La mère n'est pas coupable*.

– Impossible ! Ils habitaient la même chambre.

– Ils habitaient la même chambre mais tout s'est passé dans la cuisine, la nuit, pendant que la mère dormait.

– Et le collier ? On l'aurait trouvé dans les affaires de l'enfant.

– Vous oubliez qu'il sortait, lui. Le matin où vous l'avez trouvé en train de lire, il rentrait tout juste de l'école. Et le juge, au lieu de chercher chez sa mère, aurait mieux fait d'aller voir dans son bureau, sous ses livres de classe.

– Mais les deux mille francs qu'elle recevait. N'est-ce pas la preuve qu'elle était complice* ?

– Si c'était vrai, pensez-vous qu'elle aurait écrit pour vous remercier ? Et puis, on n'a pas arrêté de la surveiller. Tandis que l'enfant, lui, n'était pas suspect. Il a pu aller partout, courir à la ville voisine, vendre un diamant, en vendre deux, suivant le besoin.

Pour les Dreux-Soubise et leurs invités l'instant n'est pas très agréable. Il n'y a plus de sympathie chez le chevalier, qui a l'air de se moquer d'eux assez méchamment. Pourtant le comte ne veut rien montrer :

– Bravo, cher ami. Bien inventé !

– Mais non, mais non, je n'invente rien. Je raconte seulement ces tristes événements comme ils se sont passés.

– Qu'en savez-vous ?

– Ce que vous m'en avez dit. J'imagine la vie de cette malheureuse et de son fils, là-bas, à la campagne ; la mère qui tombe malade et l'enfant qui se débrouille pour vendre les diamants et, sinon la sauver, du moins rendre plus doux ses derniers instants. Elle meurt. Les années passent. L'enfant grandit, devient un homme. Et alors, imaginons que cet homme ait envie de revenir sur les lieux où il a vécu enfant. Imaginons qu'il retrouve ceux qui ont suspecté sa mère, qui l'ont accusée*. Pensez comme cette rencontre serait intéressante !

Pendant quelques secondes de silence inquiet, M. et Mme de Dreux-Soubise essaient de comprendre ; en même temps, ils ont peur de comprendre.

– Qui êtes-vous donc, monsieur ?

– Mais le chevalier Floriani, que vous avez rencontré à Palerme et que vous avez été assez bon pour inviter chez vous plusieurs fois.

– Alors, que veut dire cette histoire ?

– Oh rien du tout. J'essaie d'imaginer la joie que le fils d'Henriette, s'il existe encore, aurait à vous dire qu'il fut le seul coupable. Et qu'il fut coupable parce que sa mère allait perdre sa place de... bonne à tout faire, qu'elle était malheureuse et qu'il souffrait [1] de voir sa mère malheureuse.

Pour ceux qui l'entendent parler, à demi levé et tourné vers la comtesse, le doute n'est plus possible. Le chevalier est le fils d'Henriette. Ne fait-il pas tout pour qu'on le reconnaisse. Le comte hésite. Que va-t-il faire ? Sonner pour qu'on le fasse arrêter ? Mais il y a si longtemps. Et qui va croire à cette histoire d'enfant coupable ? En fait, il craint qu'on reparle de l'affaire. Il vaut mieux laisser les choses comme elles sont et faire comme s'il ne comprenait pas.

– Très amusante votre histoire, chevalier ! Qu'est devenu cet excellent garçon, ce fils si parfait ? J'espère qu'il ne s'est pas arrêté en si bon chemin.

– Oh non !

– Après un pareil début ! Prendre à six ans le collier de la reine !

---

1. Souffrir : avoir mal, avoir de la peine, du chagrin.

– Et le prendre, ajoute le chevalier, sans avoir ensuite aucun problème. Sans que personne ne voie qu'il y a une fente dans la vitre et que le bord de la fenêtre est trop propre parce qu'il l'a essuyé pour effacer les traces [1] de son passage. Avouez qu'il y avait de quoi étonner un enfant de cet âge. C'est donc si facile ? Il suffit donc de tendre la main et de prendre ?

– Et ensuite, il a tendu la main ?

– Les deux mains.

Les invités ont un frisson. Quel secret cache la vie de ce mystérieux chevalier Floriani ? Quelle peut être l'existence de cet homme qui fut un voleur extraordinaire à six ans ? Cet homme qui, avec un courage fou, revient chez ceux qu'il a volés pour se moquer d'eux. Et qui cependant, ne manque pas un instant d'être si distingué.

Il se lève, va vers la comtesse pour lui dire au revoir ; elle recule un peu.

– Vous avez peur, madame. Mes qualités de policier de salon vous ont effrayée.

– Pas du tout. L'histoire de ce bon fils m'a beaucoup intéressée ; je suis heureuse que mon collier ait été le départ d'une existence aussi étonnante. Mais ne croyez-vous pas que le fils de cette Henriette obéissait surtout à sa nature ?

Le chevalier a un sourire.

– C'est vrai, madame. Mais il fallait que cette nature soit forte. Car cette première action aurait pu le pousser à ne plus lui obéir.

– Ah ! et pourquoi donc ?

– Parce que presque tous les diamants étaient faux, madame.

– C'était toujours le collier de la reine, dit la

---

1. Traces : marques laissées derrière soi.

comtesse d'une voix fière. Et cela, le fils d'Henriette ne pouvait pas le comprendre.

– Il l'a pourtant compris, madame.

Le comte veut parler, mais la comtesse ne lui laisse pas la parole.

– Dans ce cas, monsieur, si l'homme dont vous parlez a quelque fierté...

Elle s'arrête, rendue timide par le calme regard du chevalier qui répète :

– Si cet homme a quelque fierté ?...

Elle sent qu'elle ne gagnera rien à lui parler ainsi. Malgré sa colère, elle lui dit presque poliment :

– Monsieur, on dit que le collier fut volé pour la première fois au dix-huitième siècle. Le voleur, après avoir enlevé les diamants, n'a pas cassé la monture d'or. Il a compris qu'elle était le travail magnifique d'un artiste et que les diamants servaient juste à la rendre plus belle. Pensez-vous que cet homme a fait de même ?

– Je suis sûr que la monture existe encore. L'enfant ne l'a pas cassée non plus.

– Eh bien, monsieur, si vous rencontrez cet homme, dites-lui qu'il conserve un de ces souvenirs dont les familles sont fières. Il a pu enlever les diamants sans que le collier cesse d'être la propriété des Dreux-Soubise ; il est à nous comme notre nom, notre maison.

– Je le lui dirai, madame.

Quatre jours plus tard, la comtesse trouve sur sa table de toilette une petite boîte rouge. Elle l'ouvre. À l'intérieur, il y a le collier de la reine.

Mais comme un peu de publicité personnelle ne fait jamais de mal, ce même matin, on peut lire dans le journal l'*Écho de France* cette information extraordinaire :

« Le collier de la reine, le célèbre bijou volé autrefois au comte et à la comtesse de Dreux-Soubise a été retrouvé par Arsène Lupin. Arsène Lupin s'est dépêché de le rendre à ses vrais propriétaires. On ne peut qu'admirer ce geste plein d'élégance. »

Deuxième aventure

*D*epuis quelques jours, il y a chez Mme de la Marque une jeune Américaine, amie de sa petite-fille. Cette jolie personne rousse adore les mystères policiers.

– C'est, explique-t-elle, parce que ma grand-mère a bien connu Arsène Lupin.

Son visage ne me rappelle rien. Mais il arrive souvent que les petits-enfants ne ressemblent pas à leurs grands-parents.

– Vraiment ? je lui demande. Votre grand-mère... ?

– Vraiment, dit-elle. Et elle a eu aussi la chance de rencontrer le célèbre Herlock Sholmes.

– Mais au fait, dit Mme de la Marque, vous avez dû le connaître aussi.

– Un peu, madame, un peu.

Dans le salon, le silence est complet. Toutes ces dames attendent la suite.

– Il était très fort ! s'écrie la jeune fille.

– Très fort, oui. Mais personne n'était aussi fort qu'Arsène Lupin... Tenez, je ne sais pas si on vous a raconté leur première rencontre...

Herlock Sholmes arrive trop tard

– C'est étonnant comme vous ressemblez à Arsène Lupin, Velmont !

– Vous le connaissez ?

– Comme tout le monde, par ses photographies dans les journaux ; aucune n'est pareille aux autres, mais chacune laisse une impression de visage qui ressemble au vôtre.

Horace Velmont paraît assez fâché.

– N'est-ce pas, mon cher Devanne ? Et vous n'êtes pas le premier à me le dire.

– J'avoue que si vous n'étiez pas l'ami de mon cousin d'Estevan et le peintre connu dont j'admire les belles peintures marines, j'aurais informé la police de votre présence à Dieppe.

Un rire général suit cette plaisanterie. Il y a là, dans la grande salle à manger du château de Thibermesnil, en plus de Velmont, l'abbé[1] Gélis et une douzaine d'officiers[2]. Tous sont les invités du banquier Devanne, le riche propriétaire du château.

– Mais est-ce que, justement, on ne dit pas un peu partout qu'Arsène Lupin est sur la côte ? demande l'abbé.

---

1. Abbé : homme d'Église.
2. Officiers : responsables, chefs, dans l'armée.

– Justement ! Au même moment, cet excellent Velmont me rend visite, en attendant celle qu'il me fera l'une de ces prochaines nuits. Ou plus exactement, qu'il fera à mes objets précieux...

Tout le monde rit de nouveau.

Puis l'on passe dans la salle basse de la tour où Devanne conserve les richesses réunies au cours des siècles par les propriétaires du château. Des meubles anciens et de magnifiques tapisseries [1] cachent les murs de pierre. Entre la porte et la fenêtre de gauche se trouve une grosse bibliothèque.

« THIBERMESNIL » y est écrit en lettres d'or et, au-dessous, « Fais ce que tu veux », la devise [2] de la famille.

On allume des cigares et Devanne plaisante encore :

– Seulement, dépêchez-vous Velmont. Cette nuit est la dernière qui vous reste.

– Et pourquoi ?

– Bah ! Je peux bien le dire : Herlock Sholmes arrive demain.

Tous les invités s'assoient autour de lui et il explique, assez satisfait d'annoncer une grande nouvelle :

– Demain à quatre heures, le fameux détective* anglais, l'extraordinaire policier grâce à qui les mystères les plus sombres deviennent clairs, Herlock Sholmes, sera ici.

Il y a des cris de surprise. Quelqu'un demande :

– C'est donc vrai, Arsène Lupin est dans la région ?

– Arsène Lupin et sa bande ne sont pas loin. Plusieurs cambriolages viennent d'être commis. Des cambriolages tellement habiles qu'on ne peut

---

1. Tapisseries : tableaux faits en laine ou en soie.
2. Devise : paroles disant de façon très courte une pensée, un sentiment.

soupçonner personne. Sauf notre voleur national !
Et aujourd'hui, c'est mon tour.

– Il vous a prévenu.

– Presque ! Il y avait là, commence Devanne en montrant une étagère de la bibliothèque, un livre très ancien. Il raconte l'histoire du château depuis le début de sa construction. Il contient des dessins des souterrains[1] et des issues secrètes. Eh bien ce livre...

Les invités retiennent leur souffle.

– ... ce livre a disparu.

– Très impressionnant ! dit Velmont. Mais rien ne prouve que c'est Arsène Lupin qui l'a pris.

– Attendez ! Le plus extraordinaire, c'est qu'il y en avait un autre, à la Bibliothèque nationale...

– Qui a disparu aussi, dit Velmont.

– Le jour d'après. Un lecteur l'a demandé et il est parti avec.

Des cris de surprise accompagnent ses paroles.

– L'affaire devient sérieuse, en effet, dit Velmont.

– Tellement sérieuse que la police a fait une enquête. Elle n'a donné aucun résultat.

– Comme toutes celles sur Arsène Lupin, dit l'abbé en s'essuyant le front.

– Justement. Alors j'ai eu l'idée de demander à M. Herlock Sholmes de s'occuper de cette affaire.

– Quelle gloire[2] pour Arsène Lupin ! dit Velmont. Mais si notre voleur national n'a pas l'intention de s'occuper de votre château, le détective va rester à ne rien faire.

– Il aura quelque chose à faire, et qui va l'intéresser : découvrir le souterrain.

---

1. Souterrain : passage sous la terre.
2. Gloire : fait d'être très célèbre.

Devanne se tait un moment pour laisser à ses invités le temps de lui poser des questions. Ce souterrain semble beaucoup leur plaire :

– Vous croyez qu'il existe vraiment ?

– Il était dessiné dans le livre qui a disparu ?

– Vous ne croyez pas qu'il a été détruit depuis ?

Devanne allume un second cigare et se verse un petit verre de vin de dessert.

– Il existe ! Dans les dessins du livre, il est représenté par une ligne. D'un côté, elle arrive à un cercle. C'est cette tour. Mais, comme vous le voyez, elle est ronde. Et rien sur le dessin n'indique comment il faut le regarder. En vérité, personne ne sait où se trouve l'entrée. Les comtes de Thibermesnil le disaient à leur fils sur leur lit de mort. Mais le dernier a eu la tête coupée pendant la Révolution et le secret s'est perdu.

– Depuis un siècle, on a dû chercher.

– On a cherché mais on n'a pas trouvé. Moi-même j'ai fait faire des recherches. Mais songez que cette tour est ceinturée de fossés[1] larges et profonds qui sont pleins d'eau. Le souterrain passe sous l'eau. Un dessin montre aussi un escalier de quarante-huit marches, ce qui indique que le souterrain est profond au moins de dix mètres. Et d'après moi, il doit avoir plus de deux cents mètres de long.

– Vous ne savez pas du tout où peut se trouver l'issue ?

– La réponse est ici, entre ces murs. Mais j'avoue que j'hésite à les faire démolir.

– Et vous n'avez aucun indice* ?

– Aucun.

– Il y en a tout de même deux, dit timidement l'abbé Gélis.

---

1. Fossés : trous creusés dans la terre.

– Ah oui, dit Devanne en riant. Notre abbé aime les vieux papiers. Mais ce qu'il a découvert complique les choses au lieu de les rendre plus claires.

– Qu'a-t-il découvert ? demande Velmont.

– Que deux rois de France ont su le secret.

– Deux rois de France ?

– Henri IV et Louis XVI.

– Le premier, dit l'abbé, content de parler de quelque chose qu'il connaît parfaitement, a couché ici une nuit. À onze heures, une très jolie jeune femme des environs est venue le rejoindre dans son lit. Elle est arrivée par le souterrain, ce qui a permis au roi d'apprendre le secret. Il a écrit : « La hache [1] tourne dans l'air qui bouge, l'aile [2] s'ouvre, et l'on va jusqu'à Dieu. »

Tout le monde montre de l'étonnement.

– On ne peut pas dire que ce soit très clair, dit Velmont en souriant. Qu'est-ce que c'est que cette hache qui tourne ? Et cet oiseau qui s'envole ?

– Mystère !

– Et Louis XVI ? Ce fut aussi la visite d'une dame qui lui fit apprendre le secret ?

– Je l'ignore, dit l'abbé. Mais je sais qu'il est venu en 1784. Et qu'il a noté sur son journal : « Thibermesnil, 2-6-12. »

– Victoire ! crie Horace Velmont avant d'éclater de rire. Deux fois six font douze ! Le mystère n'existe plus.

– Riez, monsieur Velmont, dit l'abbé Gélis. Pourtant ces deux phrases contiennent la clef du mystère. Et un jour quelqu'un saura la trouver.

– Herlock Sholmes le premier, dit Devanne. Sauf si Arsène Lupin est le plus rapide. Qu'en pensez-vous Velmont ?

---

1. Hache : outil servant à couper les arbres.
2. Aile : partie qui permet à l'oiseau ou à l'avion de voler.

Velmont se lève, pose la main sur l'épaule de Devanne et, en riant, dit :

– Je pense qu'il manquait une information que les livres ne donnaient pas. Vous venez de me la fournir. Je vous remercie.

– De sorte que...

– De sorte que la hache ayant tourné, l'oiseau s'étant envolé et deux fois six faisant douze, je n'ai plus qu'à passer à l'action et venir me servir.

– Sans perdre une minute ! Souvenez-vous, Herlock Sholmes arrive demain.

C'est en riant de cette dernière plaisanterie que les invités sortent de la salle basse de la tour.

– Je vous conduis, Velmont ? demande Devanne.

– À Dieppe ?

– À Dieppe, oui. Je dois aller chercher M. et Mme d'Androl que j'ai invités, ainsi qu'une jeune fille de leurs amis.

Et s'adressant aux officiers, Devanne ajoute :

– D'ailleurs, je compte bien vous revoir à déjeuner, messieurs. Je vous attends tous demain vers onze heures et demie.

L'invitation est acceptée et, peu après, chacun s'en va de son côté. Une heure plus tard, la 20-30 Étoile d'Or de Devanne dépose Velmont devant la porte de son hôtel, à Dieppe, avant de continuer vers la gare.

À minuit, ses amis descendent du train.

À minuit et demi, l'automobile franchit le portail du château.

À une heure, après un léger repas servi au salon, chacun s'installe dans sa chambre.

Peu après, les lumières s'éteignent. Le grand silence de la nuit enveloppe tout le château.

La pendule sonne deux heures.

À peine, de temps à autre, un léger bruit dans le

silence : le souffle du vent à travers les herbes sèches, au bord du fossé qui baigne la tour.

La pendule sonne trois heures, dans la paix [1] lourde de la nuit.

Et tout à coup, un bruit sec se fait entendre et une fine bande de lumière traverse la salle. Puis elle s'élargit tandis qu'une partie de la bibliothèque s'ouvre comme une porte. Derrière, au lieu du mur, il y a un passage. Un homme entre, une lampe électrique à la main. Un deuxième puis un troisième le suivent, portant différents outils.

Le premier regarde, écoute et dit :

– Appelez les camarades [2] !

Des camarades, il en arrive huit par le souterrain, grands, solides, décidés. Et le déménagement commence.

Cela va vite. Arsène Lupin passe d'un meuble à l'autre. Il les examine [3] et, suivant ce qu'ils valent, ordonne de les laisser ou dit :

– Enlevez !

Aussitôt l'objet est comme mangé par le souterrain. Ainsi disparaissent les tapisseries, plusieurs statues, des peintures anciennes, six fauteuils et six chaises Louis XVI.

Parfois Lupin examine une armoire ou un tableau et regrette :

– Trop lourde !... Trop gros !... Dommage, car il est bien joli !

Et il continue sa tournée.

En quarante minutes la salle est « désencombrée » [4] selon l'expression de Lupin. Et tout s'est passé dans un ordre admirable, sans un bruit,

---

1. Paix : moment calme, silencieux.
2. Camarades : personnes vivant ou luttant en bande, amis entre eux.
3. Examine : regarde avec beaucoup d'attention.
4. Désencombrée : mot inventé par Lupin pour dire vidée de tout ce qui gênait le passage.

comme si tous ces objets étaient enveloppés dans du coton. Au dernier des déménageurs qui emporte une pendule en or, Arsène Lupin dit :

– Inutile de revenir. Dès que le camion automobile est chargé, allez à la ferme de Roquefort.

– Et vous, patron ?

– Qu'on me laisse la motocyclette.

L'homme parti, il fait disparaître les traces du déménagement, efface les marques de pas. Puis il ouvre une porte et passe dans la pièce voisine. Cette salle tout en longueur est une sorte de couloir entre la tour et le reste du château. Au milieu, un petit meuble en vitres est plein d'objets précieux. Il y a là des montres anciennes, des bagues [1], des boîtes à tabac en or, de tout petits portraits...

C'est pour cela qu'il est resté. Avec une pince, il casse la serrure. Et les magnifiques petits objets d'or et d'argent passent entre ses mains avant de passer dans son sac. Bientôt il l'a rempli. Alors il remplit aussi les poches de sa veste et celles de son pantalon.

Il pose la main sur un portrait taillé dans une feuille d'or... lorsqu'un léger bruit frappe son oreille.

Il écoute : il ne se trompe pas, le bruit se rapproche.

Et soudain, il se rappelle : au bout de la pièce, un petit escalier monte à une chambre. Et cette chambre est depuis la veille celle de la jeune fille qui est arrivée par le train.

D'un geste rapide, il éteint la lampe. Il s'est à peine caché derrière un rideau, près de la fenêtre, que de la lumière apparaît dans l'escalier. Il a l'impression, car derrière le rideau il ne peut rien voir, qu'une personne descend avec prudence. Il espère qu'elle n'ira pas plus loin. Mais elle des-

---

1. Bagues : bijoux ronds qui se portent aux doigts.

cend et avance de plusieurs pas dans la pièce avant de pousser un cri. Sans doute a-t-elle vu la serrure cassée, le meuble à moitié vidé.

Au parfum [1], il reconnaît la présence d'une femme. Ses vêtements touchent presque le rideau qui le cache. Il lui semble qu'il peut entendre le cœur de cette femme à quelques centimètres de lui. Sans doute aussi, elle sent que quelqu'un est là, caché pas loin, dans l'ombre [2].

« Elle a peur, pense-t-il. Elle va partir. Il est impossible qu'elle ne parte pas. »

Elle ne part pas.

Sa main qui porte la bougie arrête de trembler. Elle se retourne, hésite un instant, pousse le rideau.

Ils se voient.

Arsène Lupin dit, très ému :

– Vous ! C'est vous mademoiselle !

C'est miss Nelly.

Miss Nelly ! La passagère du bateau sur lequel il a traversé l'Atlantique l'an dernier. Miss Nelly qui a mêlé ses rêves aux rêves du jeune homme durant cette traversée impossible à oublier. Miss Nelly à qui il a confié l'appareil photo dans lequel étaient cachés les bijoux et les billets de banque qu'il avait volés. Miss Nelly qui a vu l'inspecteur Ganimard l'arrêter en arrivant à New York. Elle, enfin, qui a compris ce qu'il y avait dans l'appareil photo et qui a préféré le jeter à l'eau plutôt que de donner à la police une preuve contre Arsène Lupin.

Le hasard qui les met l'un en face de l'autre, en pleine nuit, dans ce château, est si extraordinaire qu'ils ne bougent pas. Puis, épuisée par l'émotion, la jeune fille doit s'asseoir.

---

1. Parfum : liquide d'odeur agréable utilisé pour la toilette.
2. Ombre : il n'y a pas beaucoup de lumière.

Il reste debout en face d'elle. Et lentement, au cours des minutes qui passent en silence, il comprend l'impression qu'il donne en cet instant, avec ses poches et son sac pleins d'objets volés. Il rougit de se trouver dans cette mauvaise position du voleur que l'on prend en flagrant délit*. Pour elle, à partir de maintenant, et quoi qu'il fasse, il sera toujours le voleur, celui qui met sa main dans le portefeuille des autres, qui casse les serrures, qui entre dans les maisons en se cachant.

Une des montres roule sur le tapis. Une autre la suit, car il ne sait pas comment retenir tout ce qu'il a dans les bras. Alors, se décidant brusquement, il laisse tout tomber dans un fauteuil, vide ses poches, vide son sac.

Il se sent plus léger devant Nelly, fait un pas vers elle pour lui parler. Mais elle fait un geste brusque avec les bras comme si elle avait peur, se lève d'un coup, court vers la salle basse de la tour. La porte se referme derrière elle. Il la rejoint[1]. Elle tremble en regardant la grande pièce presque vide.

Aussitôt, il lui dit :

– Demain, à trois heures, tout sera à sa place... Les meubles seront rapportés...

Elle ne répond pas. Il répète :

– Demain, à trois heures. Je vous le promets. Rien au monde ne pourra m'empêcher de tenir ma promesse... Demain à trois heures...

Un long silence pèse sur eux. L'émotion de la jeune fille le rend vraiment très malheureux. Doucement, sans dire un mot, il s'éloigne d'elle.

Et il pense : « Qu'elle s'en aille !... Qu'elle se sente libre de s'en aller !... Qu'elle n'ait pas peur de moi !... »

---

1. Rejoint : il va de nouveau à côté d'elle.

Il comprend l'impression qu'il donne avec son sac plein d'objets volés.

Mais soudain elle dit très bas :

– Écoutez... des pas... J'entends marcher.

Il la regarde avec surprise. Elle tremble d'émotion, comme à l'arrivée d'un danger.

– Je n'entends rien, dit-il. Et même si l'on vient...

– Comment ? Mais il faut fuir... Vite, fuyez !

– Fuir ?... Pourquoi ?

– Il le faut !... Il le faut !... Ah ! ne restez pas !

Elle court jusqu'à la porte et tend l'oreille. Non, il n'y a personne. Peut-être le bruit venait-il de dehors ? Elle attend une seconde, puis, rassurée, se retourne.

Arsène Lupin a disparu.

*

*   *

Le lendemain, en constatant le vol, Devanne se dit : « C'est Velmont qui a fait le coup et Velmont c'est Lupin. Autrement ce cambriolage ne s'explique pas. »

Pourtant, cette idée que Velmont est Lupin, il la refuse vite. Parce qu'elle est trop folle. Parce qu'il est impossible que Velmont ne soit pas Velmont, le peintre bien connu, l'ami de son cousin d'Estevan. Et quand l'officier de gendarmerie [1] se présente à lui, il ne lui dit rien de ces soupçons idiots.

Pendant toute la matinée il y a un va-et-vient extraordinaire. Les gendarmes, le commissaire de police de Dieppe, les habitants du village, tout le monde passe et repasse dans les couloirs, ou dans le parc, ou autour du château.

Les premières recherches ne donnent aucun indice. Comme les fenêtres n'ont pas été cassées, pas plus que les serrures des portes, le vol a eu lieu par le souterrain secret. Pourtant, sur le tapis,

---

1. Gendarmerie : corps d'armée chargé de veiller à la sécurité des gens.

il n'y a aucune trace de pas, sur les murs, aucune marque.

Une chose surprenante, et qui montre la fantaisie d'Arsène Lupin : le livre ancien a retrouvé sa place. Et, à côté, on a placé celui qui a été « emprunté » à la Bibliothèque nationale.

À onze heures et demie, les officiers arrivent. Malgré la perte de ses meubles anciens et de ses objets précieux, Devanne est de bonne humeur. Certes ce vol lui est très désagréable, mais il est assez riche pour garder le sourire.

Ses amis d'Androl et Nelly descendent. Une fois que tout le monde a été présenté, on observe qu'il manque un invité : Velmont est absent. Est-ce qu'il ne viendra pas ? Son absence amènerait Georges Devanne à avoir des soupçons. Mais à midi juste, il entre. Devanne s'écrie :

– Ah ! vous voici !

– Ne suis-je pas à l'heure ?

– Si. Mais vous auriez pu ne pas l'être. Après une nuit d'une telle activité. Car vous savez la nouvelle ?

– Quelle nouvelle ?

– Vous avez cambriolé le château.

– Allons donc !

– Comme je vous le dis. Mais donnez donc le bras à miss Nelly Underwood et passons à table. Au fait je ne vous ai pas présenté.

– Mademoiselle, permettez-moi de…

Il s'arrête, frappé par l'émotion que montre la jeune fille. Puis soudain, se rappelant :

– C'est vrai que vous connaissez Lupin puisque vous avez voyagé avec lui. La ressemblance vous étonne, n'est-ce pas ?

Elle ne répond pas. Devant elle, Velmont sourit. Il la salue de la tête, elle prend son bras. Il la conduit à sa place à table et s'assied en face d'elle.

Pendant le déjeuner on ne parle que d'Arsène Lupin, du souterrain, des meubles enlevés, de Herlock Sholmes. À la fin du repas seulement, comme on parle d'autre chose, Velmont se mêle [1] à la conversation. Il se montre tour à tour amusant et grave. Et tout ce qu'il dit, il semble ne le dire que pour intéresser la jeune fille. Mais elle, absente, paraît ne pas l'entendre.

On sert le café sur la terrasse, au-dessus de la grande cour d'un côté et du jardin à la française de l'autre. Sur la pelouse, des soldats [2] se mettent à jouer de la musique. La foule des paysans du village voisin se promène dans les allées.

Cependant Nelly se souvient de la promesse d'Arsène Lupin : « Demain, à trois heures, tout sera à sa place... Je vous le promets. »

À trois heures. Et les aiguilles de la grosse pendule de la tour marquent trois heures moins vingt. Malgré elle, elle les regarde à tout instant. Elle regarde aussi Velmont qui se repose dans un confortable fauteuil de jardin.

Trois heures moins dix... trois heures moins cinq... Une espèce d'inquiétude fait trembler la jeune fille. Est-il possible que l'extraordinaire ait lieu, qu'il ait lieu à la minute fixée ? Alors que le château, la cour, la campagne sont pleins de monde ? Alors que le commissaire, les policiers, les gendarmes et le juge sont là en train d'enquêter ?

Et pourtant Arsène Lupin a promis avec tellement de sérieux, tellement de force. Tout va se passer comme il l'a dit, pense-t-elle malgré elle. Et cela ne lui semblera pas extraordinaire, mais un événement normal puisqu'il l'aura voulu. Une seconde, leurs regards se croisent. Elle rougit et tourne la tête.

---

1. Se mêle : s'intéresse.
2. Soldats : personnes occupées à faire la guerre ou à s'y préparer.

Trois heures. Le premier coup sonne, le deuxième, le troisième. Horace Velmont tire sa montre de sa poche, la regarde, la remet à sa place. Quelques secondes passent.

Et voici que la foule ouvre un passage sur le chemin qui traverse la pelouse. Deux voitures tirées chacune par deux chevaux viennent de franchir le portail et se dirigent vers le château. On dirait ces camions qui portent les bagages et les affaires des soldats quand ils sont en campagne. Ils s'arrêtent en bas de la terrasse. Un sous-officier saute à terre et demande M. Devanne.

Devanne arrive, descend l'escalier, approche des camions. Bien rangés sous des couvertures, il reconnaît ses meubles et ses tableaux, ses objets d'art, tout ce qu'on lui a volé.

On interroge le sous-officier. Il répond qu'il a reçu un ordre écrit du général. Cet ordre, qu'il montre, lui demande de se rendre en forêt d'Arques, au carrefour des Halleux. Là, il trouvera des meubles et des paquets qu'il placera sur deux camions. Il devra les apporter à trois heures très précises au château de M. Devanne.

– Au carrefour, dit le sous-officier, tout était prêt mais il n'y avait personne. Ça m'a semblé bizarre, mais un ordre du général est un ordre du général.

Le général, justement, est parmi les invités. On l'appelle. Haut de deux mètres, sans un cheveu sur la tête, le général Antir Ekohl a conservé de ses grands-parents bulgares quelque chose de sauvage qui fait peur. La main à son épée [1] il lit la lettre et s'écrie :

– Nom d'une pipe en bois ! C'est mon écriture ! Mais ce n'est pas moi qui ai écrit cette lettre !

---

1. Épée : espèce de grand couteau utilisé autrefois pour se battre.

La musique a cessé de jouer. On vide les camions. On remet les meubles en place.

Pendant que tout le monde aide au déménagement, Nelly reste seule au bout de la terrasse. Elle est grave, habitée par des pensées compliquées qu'elle ne cherche même pas à mettre en ordre. Soudain, elle voit Velmont qui vient vers elle. Elle veut s'enfuir, mais il n'y a pas d'autre chemin que celui qu'a pris le jeune homme. Elle ne bouge plus. Un peu de soleil tremble dans ses cheveux d'or.

Quelqu'un dit, très bas :

– J'ai tenu ma promesse de cette nuit.

Arsène Lupin est près d'elle et autour d'eux il n'y a personne. Il répète, en hésitant, comme timidement :

– J'ai tenu ma promesse de cette nuit.

Il attend un mot de remerciement, un geste montrant que ce qu'il a fait l'intéresse. Elle se tait.

Cette indifférence met Arsène Lupin en colère. En même temps, il comprend toute la distance qu'il y a entre lui et Nelly, maintenant qu'elle sait la vérité. Il voudrait s'expliquer, trouver des excuses, montrer ce que sa vie a de grand. Mais avant même de les dire, il sent combien ses paroles sonneront mal ; il sent l'inutilité de toute explication.

Alors, il dit, tout doucement, tout tristement, pris sous une vague de souvenirs :

– Comme le passé est loin ! Vous rappelez-vous les longues heures sur le pont du bateau ? Ah ! tenez... vous aviez, comme aujourd'hui, une rose[1] à la main. Une rose claire comme celle-ci. Je vous l'ai demandée... Vous n'avez pas eu l'air de m'entendre... Pourtant, après votre départ, j'ai trouvé la rose... oubliée sans doute... Je l'ai gardée...

---

1. Rose : fleur.

Elle ne répond pas encore. Elle semble très loin de lui. Il continue :

– En souvenir de ces heures, ne pensez pas à ce que vous savez. Que le passé rejoigne le présent ! Que je ne sois pas celui que vous avez vu cette nuit mais celui d'autrefois ! Qu'au moins le temps d'une seconde vos yeux me regardent comme ils me regardaient !... Je vous en prie... Ne suis-je pas le même ?

Elle lève les yeux comme il l'a demandé et le regarde. Puis, sans un mot, elle pose le doigt sur une bague qu'il porte. On ne le voit pas, mais la pierre, tournée vers l'intérieur de la main, est un magnifique diamant.

Arsène Lupin rougit. Cette bague appartient à Georges Devanne.

Il sourit tristement.

– Vous avez raison. Ce qui a été sera toujours. Arsène Lupin ne peut être qu'Arsène Lupin. Entre lui et vous, il ne peut même pas y avoir un souvenir... Pardonnez-moi... J'aurais dû comprendre que ma seule présence auprès de vous est un outrage[1].

Il se met de côté pour la laisser passer, le chapeau à la main. Il est tenté de la retenir, de la prier, de tomber à ses genoux. Le courage lui manque. Il la suit des yeux, comme ce jour à New York. Elle monte l'escalier qui conduit à la porte du château. Un instant sa fine image se dessine sur la pierre des murs de l'entrée. Il ne la voit plus.

Un nuage assombrit le ciel. Arsène Lupin regarde la trace des petits pas dans le sable. Tout à coup, il voit, au bord du grand pot de fleurs près duquel la jeune fille se tenait, la rose. La rose claire qu'il n'a pas eu le courage de demander. La rose qu'elle a

---

1. Outrage : quelque chose de très désagréable et de bas, de sale.

oubliée à New York. Mais oubliée en le voulant ou non ?

Il pose la main sur la rose en tremblant d'émotion. Des pétales tombent par terre. Il les prend un à un, comme de très chers souvenirs.

« Allons, se dit-il. Je n'ai plus rien à faire ici. D'autant que si Herlock Sholmes s'en mêle, cela pourrait devenir mauvais. »

Le parc est désert. Cependant, près du portail d'entrée, se tient un groupe de gendarmes. Il s'enfonce dans le bois, saute par-dessus le mur. Puis, pour aller à la gare voisine, il prend un petit chemin à travers les champs.

*
*   *

Horace Velmont, ou plutôt Arsène Lupin, pour l'appeler par son vrai nom, marche depuis dix minutes quand le chemin devient étroit. Et comme il arrive dans ce passage serré entre deux murs, il voit quelqu'un qui vient dans l'autre sens.

C'est un homme d'à peu près cinquante ans, assez grand et fort. À son costume, on devine qu'il est étranger.

Ils se croisent. L'étranger demande, avec un très léger accent qui permet de deviner qu'il est anglais :

– Excusez-moi... monsieur... est-ce bien ici la route du château ?

– Tout droit, monsieur, et à gauche dès que vous serez au pied du mur. On vous attend.

– Ah !

– Oui, mon ami Devanne nous a annoncé votre visite hier soir.

– Dommage pour M. Devanne s'il a trop parlé.

– Et je suis heureux d'être le premier à vous saluer. Personne ne vous admire plus que moi.

À son costume, on devine qu'il est étranger.

Il se moque un peu de lui et, aussitôt, le regrette. Car Herlock Sholmes l'examine, l'enveloppe des pieds à la tête d'un regard plein d'attention. Si plein d'attention qu'Arsène Lupin a l'impression d'être enfermé, enregistré par ce regard plus sûrement que par un appareil photographique.

« La photo est prise, pense-t-il. Plus besoin de me déguiser avec cet homme-là. Mais, seulement, est-ce qu'il m'a reconnu ? »

Ils se saluent. Un bruit de pas se fait entendre. Celui de chevaux qui viennent. Ce sont les gendarmes. Les deux hommes doivent se serrer contre un mur pour les laisser passer. Et comme ils se suivent à une assez grande distance, cela dure assez longtemps. Et Lupin pense :

« La question est : m'a-t-il reconnu ? Si oui, il y a des chances pour qu'il en profite pour me dénoncer*. »

Mais le dernier homme à cheval les dépasse. Herlock Sholmes avance et, sans rien dire, brosse son vêtement couvert de terre. Arsène Lupin l'aide. Puis, un instant encore, ils se regardent. Et c'est un spectacle plein d'émotion, cette première rencontre entre deux hommes de force et d'intelligence égales que la vie pousse à lutter l'un contre l'autre.

Puis l'Anglais dit :

– Je vous remercie, monsieur.

– À votre service, répond Lupin.

Ils se quittent ; Lupin se dirige vers la gare, Herlock Sholmes vers le château.

Les gendarmes, la police et le juge sont partis après d'inutiles recherches. Tous les invités sont curieux de voir Sholmes. Quand il arrive, on est un peu déçu, parce qu'il a l'air d'un bon bourgeois. Il ne ressemble pas du tout au personnage de roman que l'on attendait. Devanne, cependant, se montre très enthousiaste :

– Enfin, maître, c'est vous ! Quel bonheur ! Il y a si longtemps que j'espérais... Je suis presque heureux de ce cambriolage puisqu'il me donne le plaisir de vous voir. Mais, comment êtes-vous venu ?

– Par le train.

– Quel dommage. J'ai envoyé mon automobile au port, vous prendre à l'arrivée du bateau.

– Une arrivée avec violons et trompettes, n'est-ce pas ? Excellent moyen de me rendre le travail facile, répond l'Anglais avec mauvaise humeur.

Cette humeur peu aimable surprend Devanne qui, essayant de plaisanter, dit :

– Le travail, heureusement, sera plus facile que je vous l'ai écrit.

– Et pourquoi ?

– Parce que le vol a eu lieu cette nuit.

– Si vous n'aviez pas annoncé ma visite, monsieur, il est presque sûr qu'il n'aurait pas eu lieu cette nuit.

– Et quand donc ?

– Demain, ou un autre jour.

– Dans ce cas ?

– Lupin aurait été pris au piège[1].

– Et mes meubles ?

– N'auraient pas été enlevés.

– Mes meubles sont ici.

– Ici ?

– Ils ont été rapportés à trois heures.

– Par Lupin ?

– Par deux camions conduits par des soldats.

Herlock Sholmes remet brusquement son chapeau sur la tête, reprend son sac de voyage. Mais Devanne s'écrie :

– Que faites-vous ?

– Je m'en vais.

---

1. Piège : moyen pour prendre une personne ou un animal par surprise.

– Pourquoi ?

– Vos meubles sont là. Arsène Lupin est loin. Mon rôle est fini.

– Mais j'ai fortement besoin de votre aide, cher monsieur. Ce qui s'est passé cette nuit peut arriver de nouveau demain. Car nous ne savons pas le plus important : comment Arsène Lupin est entré, comment il est sorti et pourquoi il m'a renvoyé mes meubles.

– Ah, vous ne savez pas...

L'idée d'un secret à découvrir remet Herlock Sholmes presque de belle humeur.

– Bon cherchons ! Mais vite, alors, et seuls.

Ses paroles s'adressent clairement aux invités. Devanne comprend et entraîne le détective dans la salle basse de la tour. Là, en quelques mots secs et choisis, l'Anglais lui pose des questions sur la soirée de la veille. Il lui demande qui était là, qui vient au château d'habitude. Puis il examine les deux livres, compare les dessins du souterrain, se fait redire les paroles de l'abbé Gélis.

– C'est bien hier que, pour la première fois, vous avez parlé de ces deux indices ?

– Hier.

– Vous n'en aviez jamais parlé à M. Horace Velmont ?

– Jamais.

– Bien, dites à votre chauffeur [1] de préparer l'automobile : je repars dans une heure.

– Dans une heure !

– Arsène Lupin n'a pas mis plus longtemps pour trouver la réponse au problème que vous lui avez posé.

– Moi !... je lui ai posé...

---

1. Chauffeur : personne qui conduit une automobile.

– Mais oui, Arsène Lupin et Velmont, c'est la même chose.

– J'avais des doutes ! Ah ! la canaille[1] !

– Hier soir, à dix heures, vous avez donné à Arsène Lupin les informations qui lui manquaient. Dans la nuit il a eu le temps de comprendre, de réunir sa bande et de vous cambrioler. J'ai l'intention d'aller aussi vite.

Il se promène d'un bout à l'autre de la pièce en réfléchissant. Puis il s'assied, croise ses longues jambes et ferme les yeux.

Devanne attend, assez étonné :

« Dort-il ? Réfléchit-il ? »

À tout hasard, il sort pour donner des ordres. Quand il revient, il le trouve à genoux près de l'escalier qui monte à la chambre de miss Nelly.

– Qu'y a-t-il donc ?

– Regardez... là... ces tâches de bougie.

– Tiens, en effet... et toutes fraîches.

– Et vous pouvez en observer d'autres en haut de l'escalier. Et aussi de très nombreuses autour de ce meuble dont Arsène Lupin a cassé la serrure.

– Et vous en déduisez ?

– Rien. Tous ces faits expliqueraient sans doute pourquoi il vous a rendu vos meubles. Mais je n'ai pas le temps de m'occuper de cette question. L'important c'est le souterrain !

– Vous espérez toujours...

– Je n'espère pas, je sais. Il y a, n'est-ce pas, une petite église à deux ou trois cents mètres du château ?

– Oui, une chapelle abandonnée où se trouve le tombeau[2] des Thibermesnil.

---

1. Canaille : voyou, voleur, etc.
2. Tombeau : lieu où l'on place les morts.

– Dites à votre chauffeur de nous attendre près de cette chapelle.

– Il n'est pas encore de retour... on me préviendra... Mais d'après ce que je vois, vous pensez que le souterrain arrive à la chapelle. Sur quel indice...

Herlock Sholmes lui coupe la parole :

– Voulez-vous, monsieur, me donner une échelle et une lampe.

Devanne sonne, un peu surpris ; on lui apporte les deux objets.

– Placez cette échelle contre la bibliothèque, dit Sholmes. À gauche du mot « THIBERMESNIL »...

Devanne place l'échelle et l'Anglais continue :

– Occupons-nous de la lettre H. Tourne-t-elle dans un sens ou dans l'autre ?

Devanne pose la main sur la lettre H et s'écrit :

– Mais oui, elle tourne ! vers la droite ! Mais qui donc vous l'a dit ?

Sans répondre, Sholmes lui demande :

– Pourriez-vous faire bouger la lettre R ? Faites-la bouger.

À sa grande surprise, Devanne sent qu'elle bouge. Et aussitôt on entend un petit bruit sec, comme celui d'une serrure.

– Excellent, dit Sholmes. Placez donc maintenant votre échelle au bout du mot. Si je ne me suis pas trompé, la lettre L doit s'ouvrir.

Devanne pousse la lettre L qui s'ouvre. Mais, en même temps, il tombe de l'échelle car toute une partie de la bibliothèque s'ouvre comme une porte.

Herlock Sholmes demande :

– Vous n'êtes pas blessé ?

– Non, non, dit Devanne en se relevant. Mais je suis surpris, je l'avoue. Ces lettres qui bougent... ce souterrain qui s'ouvre...

– Cela n'est-il pas en accord avec les indices ?

– Comment ?

– Eh bien le H tourne, le R bouge et le L s'ouvre.

– Mais Louis XVI ? demande Devanne.

– Pour s'en souvenir, Louis XVI a simplement noté 2-6-12, c'est-à-dire la deuxième, la sixième et la douzième lettre du mot THIBERMESNIL : H, R, L.

– Je commence à comprendre. Mais si je m'explique comment on peut sortir de cette salle, je ne vois pas comment on peut y entrer. Lupin venait de dehors, lui.

Sholmes allume sa lampe et fait quelques pas dans le souterrain.

– Regardez, il y a aussi des lettres à l'intérieur du passage.

– Mais alors, il connaissait l'autre issue.

– Comme je la connais. Suivez-moi !

– Euh ! dans le souterrain ?

– Vous avez peur ?

– Non. Mais vous êtes sûr de trouver la sortie ?

– Les yeux fermés. Allons-y.

Après quarante-huit marches qu'ils descendent, c'est un long couloir tout droit.

– Nous passons sous les fossés, dit Devanne, pas rassuré.

Au bout d'un moment, le couloir arrive à un escalier. De nouveau quarante-huit marches. Puis c'est une petite salle aux murs nus.

– Rien que des murs nus, dit Sholmes. Voilà qui devient désagréable !

– Si on retournait, dit Devanne à voix basse.

– J'ai trouvé ! Regardez ! Toujours les mêmes lettres qu'à l'entrée.

Un instant après, ils sortent dans la chapelle.

– C'est bien ce que je pensais, dit Sholmes. Le mot « THIBERMESNIL » est aussi écrit sur le tombeau. Vous voyez, la fin de l'indice dit : « et vous allez jusqu'à Dieu », c'est-à-dire jusqu'à la chapelle.

Le pauvre Devanne a du mal à en croire ses oreilles.

– C'est incroyable ! Extraordinaire ! Et tellement simple. Comment se fait-il que personne n'ait éclairci le mystère ?

– Parce que personne n'a jamais pu réunir toutes les informations dont il avait besoin... Personne sauf Arsène Lupin et moi.

– Mais l'abbé Gélis et moi en savions autant que vous. Pourtant...

Herlock Sholmes a un petit sourire satisfait. Ils sortent de la chapelle et l'Anglais s'écrie :

– Tiens, une voiture !

– Mais c'est la mienne !

– La vôtre ? Je croyais qu'elle n'était pas revenue.

Ils vont jusqu'à la voiture. Devanne demande au chauffeur qui lui a donné l'ordre de venir là.

– Mais, répond le chauffeur, c'est M. Velmont.

– Velmont ? Vous l'avez rencontré ?

– Près de la gare. Il m'a dit d'aller à la chapelle attendre Monsieur et l'ami de Monsieur.

Devanne et Herlock Sholmes se regardent.

– Il a compris, dit Devanne, que ce serait un jeu pour vous de découvrir le secret. Le geste est élégant.

Herlock Sholmes sourit. Le geste lui plaît. Il dit :

– C'est un homme. Rien qu'à le voir je l'ai jugé.

– Vous l'avez donc vu ?

– Nous nous sommes croisés.

– Et vous saviez qu'Horace Velmont était Arsène Lupin.

– Je l'ai deviné... Une certaine moquerie de sa part...

– Vous l'avez laissé s'échapper ?

– Oui. J'avais pourtant la partie facile... Cinq gendarmes qui passaient.

– Mais c'était l'occasion...

– Monsieur, avec un adversaire[1] comme Arsène Lupin, Herlock Sholmes ne profite pas des occasions... Il les fait naître !

Mais l'heure presse et il leur faut prendre le chemin du port. Ils s'installent dans la confortable voiture et le chauffeur démarre. Soudain les yeux de Devanne sont attirés par un petit paquet dans le vide-poches.

– Tiens, qu'est-ce que cela. Un paquet ! Mais c'est pour vous !

– Pour moi ?

– Lisez : « Monsieur Herlock Sholmes, de la part d'Arsène Lupin. »

L'Anglais prend le paquet, enlève la ficelle et le papier qui l'enveloppe. C'est une montre.

– Aoh ! dit-il en accompagnant cette exclamation d'un geste de colère.

– Une montre, dit Devanne. Est-ce que par hasard ?...

L'Anglais ne répond pas.

– Comment ! C'est votre montre ! Arsène Lupin vous renvoie votre montre. Mais s'il vous la renvoie, c'est qu'il vous l'a prise. Il a pris votre montre ! Ah ! elle est bien bonne ! La montre de Herlock Sholmes volée par Arsène Lupin. Que c'est drôle !... Vous m'excuserez... mais c'est plus fort que moi.

Et après avoir bien ri, il dit :

– C'est un homme, en effet.

---

1. Adversaire : l'autre, dans une bagarre à deux.

Jusqu'à Dieppe l'Anglais ne dit pas une parole. Son silence fait peur. Au moment de monter sur le bateau, seulement, sans colère, il dit :

– Oui c'est un homme. Et un homme sur l'épaule de qui j'aurai bientôt le plaisir de poser cette main que vous serrez, monsieur Devanne. Le monde est petit ! Trop petit pour que Herlock Sholmes et Arsène Lupin ne se rencontrent pas de nouveau. Et ce jour-là...

Troisième aventure

Pendant que je racontais cette histoire, la jeune Américaine m'a observé avec attention.

– Je me demande, commence-t-elle...

– Vous vous demandez ?

– Oh rien ! Une idée comme ça... Une bêtise.

Se pourrait-il qu'elle ait des doutes ? Non. Ce doit être, comme elle le dit si bien, une bêtise de jeune fille. Cependant, tout cela est un peu ennuyeux. Les jeunes filles d'aujourd'hui ont parfois des idées si bizarres. Mme de la Marque a vu que j'ai l'air ennuyé. Elle m'interroge :

– Quelque chose ne va pas.

Je suis obligé de répondre comme la jeune Américaine :

– Oh non, rien ! Une idée comme ça... Une bêtise.

Heureusement, une des voisines a envie d'entendre une autre histoire et me demande :

– Son adversaire de tous les jours, c'était bien l'inspecteur Ganimard ?

Ce brave Ganimard ! Je pourrais parler de lui pendant des heures. J'ai mille aventures à raconter, comme celle de...

L'écharpe de soie rouge

Un matin, en sortant de chez lui, l'inspecteur principal Ganimard est surpris par un fait bizarre. Un homme pauvrement vêtu marche devant lui. Tous les cinquante mètres, il s'arrête et laisse tomber de sa poche un petit morceau de peau d'orange.

Sans doute, c'est une espèce de jeu enfantin. Mais Ganimard n'est content que quand il sait le pourquoi des choses. Il se met donc à le suivre.

Or, quand il tourne dans l'avenue de la Grande-Armée, l'inspecteur voit l'homme faire un petit geste. Sur l'autre trottoir, un jeune garçon lui répond. Au bout de vingt mètres, l'homme laisse tomber une peau d'orange et, aussitôt, le garçon fait une marque au crayon sur le trottoir.

Les deux continuent leur petit jeu. Seulement, certaines fois, il y a deux marques, d'autres fois, trois. Derrière eux, l'inspecteur, qui n'y comprend rien, ne peut s'empêcher de penser à son adversaire de toujours : Arsène Lupin.

Il pourrait arrêter ces deux personnes. Mais il est trop habile pour faire cette bêtise. D'ailleurs le jeune garçon rejoint l'homme, a l'air de lui demander du feu et, très vite, il lui donne un paquet. Ganimard croit reconnaître la forme d'un pistolet [1].

---

1. Pistolet : outil pour blesser ou tuer de loin, qui se met dans la poche.

Puis les deux font demi-tour. L'inspecteur les voit entrer dans une vieille maison. Il les suit. Tranquillement, ils montent l'escalier. L'inspecteur n'est pas encore au second qu'il les entend frapper au-dessus. Il se dépêche. En arrivant au troisième, il voit une porte ouverte. Il écoute et entend comme le bruit d'une bagarre. Il court jusqu'à la chambre d'où le bruit semble venir et, à sa grande surprise, voit l'homme et le jeune garçon qui frappent le plancher avec des chaises.

– Bonjour Ganimard.

Un troisième homme est là. Il ressemble à un Russe avec son bonnet de fourrure [1]. S'adressant à l'homme aux peaux d'orange et à l'enfant, il dit :

– Merci mes amis. Et bravo pour le résultat. Voici ce que je vous avais promis.

Il leur donne un billet de cent francs, les fait sortir, ferme les portes.

– Je te demande pardon, mon vieux Ganimard, mais j'avais besoin de te parler. Un besoin urgent.

Il lui tend la main. L'inspecteur ne bouge pas et a l'air très en colère. Alors il continue :

– J'avais un besoin urgent de te voir. Alors, n'est-ce pas...

Et comme s'il répondait au policier :

– Mais non, mon vieux, si je t'avais écrit ou téléphoné, tu ne serais pas venu. Ou tu serais venu avec une douzaine de policiers. Et je voulais te voir seul. J'ai pensé qu'il n'y avait qu'à envoyer ces gens à ta rencontre. Eh bien quoi ! Tu as l'air étonné. Tu ne me reconnais pas, peut-être ? Lupin... Arsène Lupin... Cherche bien dans tes souvenirs. Ce nom ne te rappelle pas quelque chose ?

– Animal ! dit Ganimard entre ses dents.

---

1. Bonnet de fourrure : chapeau en peau de mouton.

Il ressemble à un Russe avec son bonnet de fourrure.

– Tu as l'air fâché. C'est parce que je n'ai jamais voulu attendre que tu viennes m'arrêter* ? C'est que l'idée ne m'en était pas venue. Je te promets qu'une autre fois...

– Canaille, dit Ganimard.

– Et moi qui croyais te faire plaisir ! Je me suis dit : « Ce bon gros Ganimard, il y a si longtemps qu'on ne s'est vus. Il me sautera au cou [1]. »

À ces mots, Ganimard semble se réveiller. Il regarde autour de lui et se demande si, justement il ne va pas lui sauter à la gorge. Puis, se calmant, il prend une chaise et s'assoit.

– Parle, dit-il. Et pas de bêtises, je suis pressé.

– C'est ça, dit Lupin, causons. Un cigare ? Non. Parfait. Moi non plus.

Il s'assoit lui aussi et commence :

– Cette nuit, vers une heure du matin, un marin a entendu tomber sur son bateau quelque chose qu'on avait lancé du Pont-Neuf. Son chien lui a rapporté un morceau de journal qui enveloppait plusieurs objets. Cet homme qui connaît mes amis me les a fait apporter. Les voici.

Il les montre, posés sur la table. Il y a des morceaux de journal, un long bout de ficelle, un petit morceau de verre, un morceau de carton [2] souple et, enfin, un morceau de soie [3] rouge vif avec un gland [4] du même tissu.

– Tu vois nos pièces à conviction*, mon bon ami. Certes le problème serait plus facile si nous avions les autres morceaux que le chien a fait tomber à l'eau. Mais il me semble qu'on peut s'en tirer, avec

---

1. Sauter au cou : pour dire bonjour et montrer qu'il est content (le cou est la partie du corps qui va de la tête aux épaules) ; pour se battre contre quelqu'un on dit plutôt : sauter à la gorge.
2. Carton : espèce de papier raide, fort et solide.
3. Soie : tissu très doux, brillant et assez cher.
4. Gland : forme ronde cousue.

un peu d'intelligence. Et c'est là ta qualité maî-tresse, non ? Qu'en dis-tu ?

Ganimard ne bouge pas. Il accepte d'écouter les bavardages de Lupin. Mais sa fierté veut qu'il ne réponde pas.

– Je vois que nous sommes du même avis, conti-nue Lupin, sans paraître observer que Ganimard n'a rien dit. Voici l'histoire que disent les pièces à conviction : hier soir, entre neuf heures et minuit, une demoiselle d'allure fantaisiste a été blessée à coups de couteau puis serrée au cou jusqu'à en mourir par un monsieur bien habillé, portant mono-cle, fréquentant le monde des courses de chevaux et avec lequel elle venait de manger trois gâteaux au café et un au chocolat.

Lupin allume une cigarette et prend Ganimard par la manche :

– Hein, ça t'en bouche un coin [1], inspecteur ! Mais Lupin joue avec les déductions* aussi bien que les détectives dans les livres.

Et il continue, en montrant les objets du doigt quand il en parle :

– Donc, hier soir, après neuf heures : le journal porte la date d'hier et tu peux voir le tampon de la poste qui montre qu'il a été apporté à la distribution de neuf heures. Un monsieur bien habillé, portant monocle : un trou dans le verre montre qu'il s'agit d'un morceau de monocle ; et quand on porte un monocle [2], c'est qu'on a les vêtements qui vont avec. Ce monsieur a acheté des gâteaux : tu vois sur le carton souple les traces de café et de chocolat de quatre gâteaux. Ensuite, il a rejoint une demoiselle habillée de façon fantaisiste, comme le prouve la

---

1. Ça t'en bouche un coin : (familier) tu ne trouves rien à dire.
2. Monocle : lunettes à un seul verre.

couleur de ce morceau d'écharpe. Puis il l'a frappée à coups de couteau avant de l'étrangler [1] avec cette même écharpe. Regarde mieux, inspecteur, et tu verras des marques d'un rouge plus foncé. C'est du sang. Là, la trace d'un couteau qu'on a nettoyé. Là, celle d'une main sanglante qui a tenu le tissu.

Ganimard écoute Lupin, la bouche ouverte de surprise.

– Son crime commis*, il ne veut pas laisser de traces. Alors il sort de sa poche : premièrement le journal qu'il reçoit chez lui et qui est un journal de courses, deuxièmement un bout de ficelle. Il pose sur le journal les morceaux du monocle qui s'est cassé pendant la bagarre. Il y place aussi le morceau sali de l'écharpe qu'il a coupé avec des ciseaux (je pense que l'autre morceau est resté sur la victime). Et puis aussi le carton des gâteaux plus, sans doute, le couteau, qui s'est perdu dans la Seine. Il fait un paquet avec le journal, l'attache avec la ficelle, le jette du haut du pont.

Il regarde Ganimard qui, malgré sa surprise, continue à ne pas vouloir parler. Lupin sourit.

– Tu vois. Tu te méfies. Tu te demandes pourquoi Lupin te donne l'affaire au lieu de courir après l'assassin et de lui prendre ce qu'il a volé, s'il y a eu vol. C'est une excellente question. Mais la réponse est simple : je n'ai pas le temps. J'ai trop de travail : un cambriolage à Londres, un autre à Lausanne, sauver une jeune fille qui est en danger de mort, retrouver un enfant enlevé à Marseille... Tout me tombe dessus à la fois. Alors j'ai pensé : « Je vais laisser l'affaire à Ganimard. Maintenant qu'elle est à moitié éclaircie, il va sûrement réussir. »

---

1. Étrangler : tuer en serrant le cou pour couper le souffle.

Lupin se lève. Il dit à l'inspecteur :

– Voilà. L'histoire est finie. Cet après-midi tu sauras qui est la victime*. C'est sans doute une danseuse, ou une chanteuse. À mon avis le coupable habite près du Pont-Neuf, sur la rive [1] gauche. Voici les pièces à conviction ; je t'en fais cadeau. Travaille. Je ne conserve que ce bout d'écharpe. Si tu as besoin de l'écharpe entière, apporte-moi l'autre bout, celui que tu trouveras chez la victime. Apporte-le-moi dans un mois, c'est-à-dire le 28 décembre prochain à dix heures. Tu me trouveras ici. Et maintenant, fonce ! Ah ! j'oubliais. Quand tu arrêteras le meurtrier, fais attention : il est gaucher [2]. Adieu mon vieux, et bonne chance !

Lupin est à la porte, il l'ouvre, a disparu avant que Ganimard ne se décide. Il saute enfin vers la porte, mais la serrure ne fonctionne pas. Dix minutes pour l'enlever, dix minutes pour enlever celle de l'appartement, le temps de descendre trois étages : Lupin est loin.

À vrai dire, d'ailleurs, il n'a pas cru qu'il allait le rejoindre. Il lui semble que jamais il ne pourra gagner contre un adversaire aussi fort ; que toujours il sera déçu et trompé et que toujours le public rira de lui.

Cette affaire de l'écharpe rouge lui cause un profond étonnement. Intéressante mais tellement incroyable !

« Non, se dit-il, je n'y crois pas. Tout cela ce sont des bêtises. Je ne ferai rien. »

Et il s'en va vers son bureau, bien décidé à oublier toute l'histoire.

Mais il n'est même pas encore arrivé à son bureau qu'un de ses camarades lui demande :

---

1. Rive : terre ferme au bord d'une rivière, d'un lac, de la mer.
2. Gaucher : qui se sert de sa main gauche.

– Tu as vu le chef ?

– Non.

– Il te cherchait tout à l'heure.

– Où est-il ?

– Rue de Berne. Un assassinat a été commis. Une chanteuse, je crois.

– Nom d'un chien, dit simplement Ganimard entre les dents.

Vingt minutes plus tard, il sort du métro et fonce rue de Berne.

*

*   *

La victime était connue sous le surnom de Jennifer Saphir. Elle occupait un petit appartement au second étage. Conduit par un agent de police, l'inspecteur traverse deux pièces avant d'entrer dans la chambre. Le juge, le chef de la police et le médecin légiste* y sont déjà.

Au premier coup d'œil, Ganimard voit une femme couchée sur le lit. Elle serre à deux mains un morceau d'écharpe en soie rouge. L'épaule montre deux blessures d'où le sang a coulé.

Le médecin qui l'a examinée se relève et dit :

– La victime a été frappée de deux coups de couteau. Puis elle a été étranglée.

« Nom d'un chien de nom d'un chien ! » se dit Ganimard qui pense à la manière dont Lupin a raconté l'assassinat.

Le juge observe :

– Le cou ne porte pas de marques.

– C'est sans doute parce que la victime a été étranglée avec son écharpe. Elle en tient encore un bout. Elle l'a prise à deux mains pour essayer de se défendre.

– Mais pourquoi ne reste-t-il qu'un morceau de tissu ?

– L'assassin l'a coupé avec des ciseaux et en a emporté un bout. Peut-être parce qu'il était plein de sang.

– « Nom d'un chien de nom d'un chien ! répète Ganimard entre les dents. Cet animal de Lupin a tout vu sans être là ! »

– Et le mobile* du crime ? demande le juge. Les serrures ont été cassées, les armoires vidées. Avez-vous une idée, monsieur le chef de la police ?

– D'après ce que m'a dit la bonne, la victime possédait un magnifique saphir[1], un cadeau qu'on lui avait fait pendant un voyage en Russie. Ne doit-on pas penser que le vol de ce saphir est la cause[2] du crime ?

– La bonne savait où le saphir était caché ?

– Personne ne le savait. Et si l'assassin a cherché partout, c'est qu'il l'ignorait aussi.

Le chef de la police vient tout près de l'inspecteur principal, le regarde avec attention et lui dit :

– Vous avez l'air bizarre, Ganimard. Vous avez des soupçons ? Quelque chose qui vous surprend ?

– Rien du tout, chef.

– Dommage ! Voilà plusieurs assassinats dont le coupable n'a pas été découvert. Le ministre commence à se fâcher. Cette fois il nous faut le coupable. Et vite !

– Difficile, chef !

– Il le faut. Écoutez-moi, Ganimard. La bonne a dit que Jenny Saphir recevait un homme depuis un mois. Il venait vers dix heures et demie et restait jusqu'à minuit. « C'est un homme du monde, disait Jenny Saphir, il veut m'épouser. » Cet homme faisait attention de ne pas être vu. Il rele-

---

1. Saphir : pierre précieuse, très chère, de couleur bleue.
2. La cause du crime : pourquoi le crime a été commis.

vait le col de son vêtement et baissait le bord de son chapeau en passant devant la concierge. La bonne ne l'a jamais rencontré. C'est lui qu'il faut retrouver.

– Il n'a laissé aucune trace ?

– Aucune. C'est sûr, nous sommes en présence de quelqu'un de très intelligent qui a bien préparé son crime. Son arrestation nous fera de la bonne publicité. Je vous fais confiance, Ganimard.

– Ah, vous me faites confiance, chef ? Eh bien, on verra... on verra... Je ne dis pas non. Seulement... je vous promets...

– Vous me promettez quoi ?

– Rien... on verra ça, chef... on verra.

C'est seulement dehors que Ganimard achève sa phrase, tout haut, et avec une colère des plus vives :

– Je promets que l'arrestation se fera sans les indices que m'a fournis cette canaille. Ah ! ça non alors !

Fâché contre Lupin, fâché d'avoir la responsabilité de cette enquête, il va le long des rues au hasard. Il marche longtemps, cherchant à trouver un indice* que Lupin aurait oublié. Et tout à coup, en levant la tête, il reconnaît la maison. Il y est revenu sans s'en rendre compte. La réponse est là, qu'il le veuille ou non. Les observations, les déductions de Lupin sont si justes qu'il ne peut que reprendre l'enquête là où son adversaire l'a abandonnée. Il monte les étages. C'est ouvert. Personne n'a touché aux pièces à conviction. Il les met dans sa poche.

À partir de ce moment-là, il va agir comme s'il suivait les ordres d'un maître à qui il ne peut pas désobéir. Si le coupable habite près du Pont-Neuf, il faut trouver une pâtisserie ouverte le soir sur le chemin qui va rue de Berne. Ce n'est pas long.

Près de la gare Saint-Lazare, un pâtissier lui montre des boîtes dont le carton est le même que celui qu'il possède. De plus, une vendeuse se rappelle que la veille elle a servi un monsieur bien habillé qui portait un monocle.

« Voilà mon premier indice contrôlé », se dit Ganimard.

Puis, il demande au bureau du journal les adresses des gens qui le reçoivent chez eux. Et comme Lupin a dit rive gauche, près du Pont-Neuf, il note seulement le nom de ceux qui habitent ce quartier. Il envoie alors ses inspecteurs et, à sept heures du soir, l'un de ses hommes lui apporte la bonne nouvelle. Un monsieur Prévailles habite rue des Grands-Augustins. La veille au soir, alors qu'il sortait, la concierge lui a remis son journal. Il est rentré vers une heure du matin. Et ce monsieur Prévailles porte un monocle et possède plusieurs chevaux de course.

L'enquête a été si rapide, le résultat ressemble si exactement à ce qu'a dit Lupin que Ganimard a du mal à croire ce que raconte l'inspecteur.

Il va trouver le chef.

– Tout est prêt, chef. Vous avez un mandat d'arrêt* ?

– Comment ? Vous savez qui est l'assassin de Jenny Saphir ?

– Oui.

– Vraiment ? Expliquez-vous.

En rougissant un peu, Ganimard dit :

– Un hasard, chef. L'assassin a jeté dans la Seine des objets qui l'accusaient. Le paquet a été trouvé et m'a été donné.

– Par qui ?

– Un marin qui n'a pas voulu dire son nom. Avec ces pièces à conviction il m'a été facile de remonter jusqu'à l'assassin.

Et il raconte comment il a fait. Le chef de la police n'en croit pas ses oreilles : ·

– Et vous appelez ça un hasard ? Et vous dites que c'était facile ! Mais mon cher ami, c'est la plus extraordinaire de vos enquêtes ! Conduisez-la jusqu'au bout et soyez prudent !

Ganimard est pressé d'en finir. Il va rue des Grands-Augustins avec ses hommes qui se cachent autour de la maison de Prévailles. La concierge dit qu'il est sorti dîner mais qu'il repassera chez lui après. Et un peu avant neuf heures, elle prévient Ganimard. Un monsieur suit le trottoir au bord de la Seine. Il traverse la rue et vient vers la maison. Ganimard s'avance :

– Vous êtes bien monsieur Prévailles ?

– Oui. Mais vous-même ?

– Je dois vous demander de me suivre à...

Il n'a pas le temps de finir la phrase. En voyant les inspecteurs qui sortent de l'ombre, Prévailles s'arrête, dos au mur. Il se tient contre la porte fermée d'une vieille boutique.

– Arrière, crie-t-il. Je ne vous connais pas.

De sa main droite il menace avec un lourd bâton ; sa main gauche, dans son dos, semble essayer d'ouvrir la porte. Ganimard a l'impression qu'il cherche une issue secrète.

– Allons, pas de bêtises. Tu es pris... Rends-toi.

Et comme il attrape le bout du bâton de Prévailles, il se souvient de l'avis de Lupin : l'autre est gaucher. C'est son pistolet qu'il cherche de la main gauche. L'inspecteur se baisse. Il y a deux coups de feu. Personne n'est atteint. Peu après, tout est fini.

À neuf heures, Prévailles est en prison.

Ganimard était déjà assez connu. Mais cette arrestation faite si vite et si facilement lui vaut de devenir soudain célèbre. Les journaux qui se sont

L'inspecteur se baisse, il y a deux coups de feu.

enthousiasmés pour l'affaire n'arrêtent plus de parler de ses qualités.

L'affaire, au début, est conduite rapidement. On apprend que Prévailles s'appelle en vérité Thomas Derocq. Il a déjà eu affaire à la justice. De plus, on trouve chez lui de la ficelle, la même que celle qui a servi pour le paquet, et plusieurs couteaux.

Mais le huitième jour, tout change. Le suspect présente un alibi* : le soir du crime, il était au théâtre. Et l'on trouve, en effet, dans la poche d'une de ses vestes, un ticket à la date de ce soir-là.

– Alibi préparé, dit le juge.

– Prouvez-le, répond l'autre.

Après quoi, la serveuse de la pâtisserie croit reconnaître le monsieur au monocle. La concierge de la rue de Berne croit reconnaître le visiteur de Jenny Saphir. Personne n'accepte de dire qu'il en est sûr.

Ainsi le juge ne trouve rien de vraiment solide. Il fait venir Ganimard et lui dit qu'il est ennuyé.

– Pourtant, vous croyez qu'il est coupable, monsieur le juge. Prévailles se serait laissé arrêter sans se défendre, sinon.

– Il dit qu'il a cru qu'on l'attaquait. Il dit aussi qu'il n'a jamais vu Jenny Saphir et nous ne trouvons personne pour le prouver. En plus, s'il a volé le saphir, nous n'avons pas pu le trouver chez lui.

– Ailleurs non plus, dit Ganimard.

– C'est vrai. Mais cela n'accuse pas Prévailles. Savez-vous ce qu'il nous faudrait, inspecteur ? L'autre bout de l'écharpe.

– L'autre bout ?

– Oui. Car si l'assassin l'a emporté, c'est qu'il y a la marque de ses doigts pleins de sang.

Ganimard ne répond pas. Depuis plusieurs jours il y pense. Avec l'autre morceau d'écharpe, et avec lui uniquement, la culpabilité* de Prévailles est prouvée*. Or Ganimard a besoin de cette culpabilité. Celui qu'on a nommé l'adversaire numéro un des bandits sera ridicule si on remet Prévailles en liberté.

Par malheur, l'unique preuve est dans la poche de Lupin. Comment la prendre ? Comment s'en passer ?

Ganimard cherche. Il refait l'enquête, passe des nuits à réfléchir à l'affaire, étudie le passé de Prévailles, fait rechercher le saphir par tous ses inspecteurs. En vain.

Le 27 décembre, le juge lui annonce qu'il abandonne l'affaire.

– Attendez encore un jour, monsieur le juge.

– À quoi bon ? Il faudrait l'autre bout de l'écharpe.

– Je l'aurai demain. Mais laissez-moi prendre le morceau que vous possédez. Je vous promets de rendre l'écharpe entière.

En sortant du bureau du juge avec le morceau de tissu :

– Nom d'un chien, dit-il entre ses dents, j'irai la chercher la preuve, et je l'aurai. Si M. Lupin ose [1] venir au rendez-vous.

Il ne doute pas cependant que M. Lupin osera. Et c'est bien ce qui le fâche, car il ne comprend pas ce que veut Lupin.

Inquiet, la colère au cœur, il décide de prendre tous les moyens pour ne pas tomber dans un piège et même d'y faire tomber son adversaire. Il s'assure que la grande porte est bien la seule issue de la maison et le 28, le jour fixé par Lupin, il est au rendez-

---

1. Ose : a le courage.

vous. Il a posté des hommes dans un café. S'il apparaît à l'une des fenêtres du troisième étage ou s'il n'est pas revenu au bout d'une heure, ils ont l'ordre d'entrer et d'arrêter tout le monde.

Il a son pistolet dans sa poche. Il monte. Il est assez surpris de tout trouver comme il l'a laissé. Les portes sont ouvertes, les serrures démontées. Il regarde dans les trois pièces : il n'y a personne.

– Monsieur Lupin a eu peur, dit-il assez content de lui.

– T'es bête !

Se retournant, il voit un vieil ouvrier avec des vêtements de peintre.

– Cherche pas, dit l'homme, c'est moi, Lupin. Depuis ce matin je travaille à la peinture de la cour. C'est l'heure du repas. Alors je suis monté.

Il observe Ganimard avec un sourire joyeux [1] et s'écrie :

– Qu'en penses-tu l'artiste ? Est-ce que je n'ai pas éclairci le mystère de l'écharpe ? Je ne dis pas qu'il n'y avait pas quelques vides par ci ou par là... Mais quel extraordinaire travail de déduction et d'intelligence ! N'ai-je pas tout deviné, jusqu'à ta venue ici pour chercher une preuve. T'as l'écharpe ?

– La moitié, oui. Tu as l'autre ?

– La voici. Continuons. Ce qui t'intéresse, ce sont les marques de sang. Suis-moi.

Il l'entraîne dans la pièce voisine, près de la fenêtre de la cour et étale le morceau de tissu sur la vitre. Ganimard saute de joie. La preuve est là : on voit très bien la trace de la main de l'assassin, la main qui a frappé Jenny Saphir.

– C'est la marque d'une main gauche, dit Lupin, tu l'as noté.

---

1. Joyeux : qui montre un très grand plaisir.

Ganimard met vite le bout d'écharpe dans sa poche. Lupin lui dit :

– Tu as raison, mon gros ! C'est pour toi. Cela me fait plaisir de te faire plaisir. Et tu vois, il n'y a pas de piège. Juste un service de copain à copain. Et puis un peu de curiosité. Je voulais regarder l'autre morceau. N'aie pas peur, je te le rendrai. Une seconde seulement.

D'un geste léger, il joue avec le gland qui termine la moitié d'écharpe.

– Que ces petits travaux de femmes sont habiles ! As-tu noté que Jenny Saphir faisait elle-même ses robes et ses manteaux ? Cette écharpe aussi est faite de sa main. Dans le gland, au bout du morceau que j'avais, j'ai trouvé une médaille de Notre-Dame-de-Bon-Secours. Alors je me suis dit : « Comme il serait intéressant d'avoir l'autre ! De voir si la même cachette existe et de savoir ce qu'il y a dedans. » Vois-tu, je me suis dit qu'il pourrait contenir... un bijou, par exemple... un saphir.

Au même instant, apparaît entre ses doigts une magnifique pierre d'un bleu profond.

– Hein, qu'en dis-tu ? N'avais-je pas encore raison ?

Ganimard le regarde, regarde la pierre. Il rougit de colère. Il vient de tout comprendre. Pourquoi Lupin lui a laissé l'affaire. Pourquoi il l'a fait revenir avec l'écharpe...

– Rends-moi ça, dit-il en se levant d'un saut.

Lupin lui donne le morceau de soie.

– Le saphir aussi !

– T'es bête.

– Rends-moi ça, sinon...

– Sinon quoi ? Tu crois que je t'ai laissé l'affaire pour rien ? Allons Ganimard, fais un petit effort. Comprends que depuis quatre semaines tu es un bon chien... Ganimard ! apporte... apporte au

Lupin ! Mais c'est un bon chienchien ça, monsieur ! Susucre, Ganimard ? Fais le beau [1] !

L'inspecteur principal Ganimard refuse d'écouter sa colère ; il pense seulement à prévenir ses hommes. Petit à petit, il essaie de rejoindre la porte. De là, il passera dans la pièce voisine et se fera voir à la fenêtre. Et alors...

– C'est à croire que vous n'y voyez rien, toi et les autres. Depuis le temps que vous avez le morceau d'écharpe ! Et pas un ne s'est demandé pourquoi la pauvre fille l'a serré comme elle l'a fait. Vous ne réfléchissez pas !

Mais Ganimard est arrivé à la porte qu'il essaie d'ouvrir. Seulement, de nouveau, la serrure ne veut pas fonctionner.

Lupin rit.

– Tu n'as même pas pensé à ça ? Tu me tends un piège et tu ne penses pas que je vais le deviner. Et tu entres ici sans te rappeler que les serrures sont un peu... bizarres ?... Allons, mon gros, qu'est-ce que tu en dis ?

Ganimard tire son pistolet.

– Ce que j'en dis : haut les mains !

– Encore une bêtise !

– J'ai dit : haut les mains.

– Ton pistolet ne tirera pas !

– Quoi ?

– Ta bonne, la vieille Catherine, est à mon service. Elle a mouillé [2] la poudre [3] pendant que tu buvais ton café au lait.

Désespéré, Ganimard remet son pistolet dans sa poche. Il voudrait sauter sur Lupin mais il sait que

---

1. Fais le beau : quand un chien tient sur son derrière en levant les pattes de devant.
2. Mouillé : versé de l'eau sur.
3. Poudre : ressemble à du sable fin et s'utilise dans les pistolets.

c'est inutile. Il se rappelle qu'il a toujours perdu. Il n'y a rien à faire, il le sent. Alors à quoi bon ?

– Il vaut mieux en rester là, dit Lupin amicalement. Réfléchis à tout ce que cette affaire t'a apporté. Tu es devenu célèbre. Le ministre est content. Ton salaire va être augmenté ; ta retraite le sera aussi. Tu ne voudrais pas, en plus, le saphir ? Ce ne serait pas juste. Tu oublies que ce pauvre Lupin t'a sauvé la vie. Qui t'as dit que Prévailles était gaucher ? C'est comme ça que tu me remercies ? Ce n'est pas gentil, Ganimard !

Tout en parlant, Lupin est arrivé à la porte. L'inspecteur comprend qu'il va s'enfuir. Il veut lui couper la route. Un formidable coup de tête dans le ventre l'envoie rouler jusqu'à l'autre mur.

En trois gestes, Lupin fait jouer la serrure, ouvre la porte, sort en éclatant de rire.

Lorsque vingt minutes plus tard, Ganimard rejoint ses hommes, l'un d'eux lui dit :

– Il y a un ouvrier peintre qui est sorti de la maison. Il m'a laissé une lettre en disant : « Vous la donnerez à votre patron. » « À quel patron ? » je lui ai demandé. Il était déjà loin. Je pense que c'est pour vous.

– Donne.

Ganimard ouvre la lettre. Elle est écrite très vite, au crayon :

« Mon bon ami, je te conseille de ne pas croire tout ce qu'on te dit. Quand quelqu'un te dit que ta poudre est mouillée, même si tu as confiance en ce quelqu'un, même si ce quelqu'un s'appelle Arsène Lupin, ne le crois pas. Tire d'abord, et si ce quelqu'un fait une pirouette dans l'éternité [1], tu auras la preuve : premièrement que la poudre

---

1. Faire une pirouette dans l'éternité : mourir, dit de façon familière.

n'était pas mouillée, deuxièmement que la vieille Catherine est la plus honnête des femmes.

En attendant que j'aie le plaisir de la connaître, accepte, mon bon ami, les sentiments affectueux de ton

Arsène Lupin. »

Épilogue

J'avais bien raison d'être inquiet. Ce matin la jeune Américaine m'a dit :
– J'ai écrit à ma grand-mère. Elle sera ici la semaine prochaine. Je pense que vous serez heureux de la rencontrer.
– Votre grand-mère ?... Certainement...
– De la rencontrer ou peut-être... de la revoir.
– La revoir ? Mais je ne la connais pas !
– Son nom de jeune fille, c'est Nelly Underwood. Vous êtes bien sûr de ne pas l'avoir déjà rencontrée ?
Je m'y attendais. Ce qui fait que je n'ai pas eu l'air trop étonné. Et je n'ai rien montré de mon émotion à la jeune Américaine.
– Non. Ou alors, je ne m'en souviens plus.
Ainsi Nelly sera là la semaine prochaine. Mais moi je n'y serai plus. Le passé est le passé. Une fois pour toutes, j'ai décidé de l'oublier. Comme je vous l'ai déjà dit, je ne suis pas sûr qu'Arsène Lupin ait vraiment existé.

Mots et expressions

L'enquête policière

Accuser : dire que quelqu'un a commis une faute ou un délit.

Alibi, *m.* **:** défense du suspect qui prouve qu'il n'était pas sur les lieux du délit à l'heure où celui-ci a été commis.

Arrêter : saisir quelqu'un et l'emmener au commissariat, à la gendarmerie, en prison.

Classer une affaire : abandonner la recherche du coupable.

Commettre : faire. S'emploie pour un délit, un crime, etc.

Complice, *m.* ou *f.* **:** personne qui aide à commettre un délit ou un crime.

Constater un délit : voir ce qui s'est passé et comment cela s'est passé.

Culpabilité, *f.* **:** fait d'être coupable.

Déduction, *f.* **:** réflexion qui permet de reconstruire ce qui s'est passé en expliquant les événements par les indices.

Délit, *m.* **:** faute grave, action contraire à la loi.

Dénoncer : dire à la police.

Détective privé, *m.* **:** enquêteur qui ne fait pas partie de la police ni de la gendarmerie.

Indices, *m.* **:** objets ou faits qui aident les enquêteurs (par exemple : marques laissées par le coupable, cendres de cigarette, témoins qui ont vu entrer ou sortir quelqu'un).

Juge, *m.* **:** personne chargée de dire ce qui est juste selon la loi ; il dirige l'enquête : les policiers travaillent sous ses ordres.

Juger : dire si une personne est coupable ou non.

Mandat d'arrêt, *m.* **:** papier signé par le juge, qui autorise le policier à arrêter un suspect.

Médecin légiste, *m.* **:** médecin qui examine la victime et essaie de dire quand et comment elle a été tuée.

Mobile, *m.* **:** raison du crime. On dit souvent : « Cherchez à qui le crime profite. »

Pièces à conviction, *f.* **:** objets appartenant au coupable (bouton, mouchoir, gant) ou dont il s'est servi (couteau, ficelle).

Piste, *f.* **:** sens, direction prise pour les recherches.

Pris en flagrant délit : arrêté pendant qu'il commet le délit.

Prouver : montrer qu'une chose est vraie, par des réflexions, des témoignages. Les policiers et le juge cherchent les preuves.

Soupçonner quelqu'un : douter de lui, penser qu'il est coupable mais sans les preuves.

Victime, *f.* **:** personne à qui on vole quelque chose ou qui est blessée ou tuée.

Activités

1. **Le crime et l'enquête : Mots croisés**

1. La personne qui est volée, blessée ou tuée.
2. Pierres qui ressemblent au verre, qui brillent et coûtent très cher.
3. Signaler le coupable à la police.
4. Faute grave, action contraire à la loi.
5. Regarde avec beaucoup d'attention.
6. Petite fenêtre s'ouvrant dans une porte ou une fenêtre.
7. La cause, le motif du crime.
8. Défense du suspect qui prouve qu'il n'était pas sur le lieu du crime.
9. Marque laissée derrière soi.
10. Pierre précieuse de couleur bleue.

11. Objet ou fait qui aide l'enquêteur à trouver le coupable.

12. Affirmer que quelqu'un a commis une faute ou un crime.

13. Personne qui aide à commettre un crime.

14. Direction que suit l'enquêteur dans ses recherches.

15. Moyen de prendre une personne par surprise.

16. Saisir quelqu'un et le conduire au commissariat, à la gendarmerie ou en prison.

2. Mener l'enquête

1. Pourquoi les Dreux-Soubise gardent-ils aussi précieusement le collier de la reine ?

    a. Parce qu'ils sont fiers de ce bijou historique.

    b. Parce qu'il est serti de diamants de grande valeur.

    c. Parce qu'il va très bien à la comtesse.

2. Quel est le résultat de l'enquête du juge ?

    a. Il découvre qu'Henriette est coupable.

    b. Il classe l'affaire car il pense que le collier a été vendu en secret.

    c. Il découvre qu'Arsène Lupin est le voleur.

3. Qui donne à Lupin les renseignements pour cambrioler le château ?

    a. Devanne

    b. L'abbé

    c. Velmont

4. Pourquoi Herlock Sholmes affirme-t-il pouvoir trouver une solution dans une heure ?

    a. Parce qu'il veut rivaliser avec Arsène Lupin.

    b. Parce qu'une autre enquête l'attend.

    c. Parce que son train part dans une heure.

5. Comment Lupin échappe-t-il à Ganimard ?
   a. En sautant par la fenêtre.
   b. En l'effrayant.
   c. En détraquant la serrure.

6. Pour prouver que Prévailles est coupable, il faut :
   a. Trouver l'autre moitié de l'écharpe.
   b. Le pousser à commettre un autre assassinat.
   c. On ne peut rien faire car il a un alibi.

3. Vrai ou Faux ?

a. La comtesse met le collier de la reine une fois par mois.

b. Personne ne savait que la comtesse devait porter le collier le soir du vol.

c. Floriani se venge de ce qui a été fait à Henriette en racontant comment s'est passé le vol.

d. Velmont découvre l'entrée car 2 × 6 font 12.

e. Lupin cambriole le château à 4 heures du matin.

f. Lupin est troublé par la présence de miss Nelly.

g. Le souterrain relie le château à la gare.

h. Ganimard croit tout de suite l'histoire que Lupin lui a racontée.

i. Jennifer Saphir a été assassinée à cause de son saphir.

j. Ganimard s'est fait une bonne réputation dans la police grâce à Arsène Lupin.

4. Charade

Mon premier est synonyme de potage.
Mon deuxième est un récipient servant à puiser de l'eau.

Mon troisième est situé entre le front et la bouche.
Mon tout est ce que fait Devanne lorsqu'il pense
que Velmont est Lupin.

5. Démasquer les intrus

a. Pour dérober le collier de la reine, le petit Raoul
a utilisé :
une ficelle – des étagères – une échelle –
une baguette de fer très mince

b. Dans l'affaire du château de Thibermesnil,
Arsène Lupin :
vole un livre très ancien – déchiffre les plans
du château – tend un piège à Devanne –
découvre l'entrée du passage secret

c. Dans l'enquête de l'écharpe de soie rouge, Lupin
fait de brillantes déductions à partir de :
monocle – morceau de carton souple – écharpe –
carnet d'adresses – ficelle

6. Qui est qui ?

Arsène Lupin •

Herlock Sholmes •

Ganimard •

• Détective
• Anglais
• Bougon, grognon
• Homme du monde
• Inspecteur
• Défaitiste
• Environ cinquante ans
• Cambrioleur
• Gentleman

7. Que signifient les expressions suivantes ?

1. « *Aussitôt l'objet est comme mangé par le souterrain.* » (page 35)

    a. Un monstre caché dans le souterrain a englouti l'objet.

    b. Le souterrain s'est effondré et a enseveli l'objet.

    c. Les déménageurs cambrioleurs ont subtilisé l'objet très rapidement.

2. « *Ces deux phrases contiennent la clef du mystère.* » (page 33)

    a. Les phrases indiquent où se trouve la clef qui ouvre le passage secret.

    b. Il faut élucider la signification des phrases pour résoudre l'énigme.

    c. Les phrases sont une charade dont le mot à deviner est *clef*.

3. « *... la colère au cœur...* » (page 73)

    a. Ganimard souffre d'une maladie cardiaque.

    b. Ganimard est très fâché.

    c. De rage, Ganimard se frappe à l'endroit du cœur.

8. Rechercher d'autres expressions avec le mot *cœur* comme « avoir le cœur gros », « s'en donner à cœur joie » et les expliquer.

9. Dans les romans policiers, le lexique de la chasse est souvent utilisé, transformant le criminel en gibier et le détective en limier. Est-ce le cas dans les *Arsène Lupin* que vous avez lus ? Relever les expressions montrant que Lupin s'adresse à l'inspecteur Ganimard comme à un chien. Est-ce flatteur ?

10. Trouver le nom qui correspond aux verbes suivants

Exemple : dénoncer, dénonciation

a. cambrioler
b. déménager
c. assassiner
d. suspecter

e. enquêter
f. inspecter
g. examiner

11. Former l'adverbe en *-ment* dérivé des adjectifs suivants

Exemple : drôle, drôlement

a. précipité
b. doux
c. vaillant
d. courageux

e. élégant
f. précis
g. secret

12. Choisir un mot de chaque groupe et former des familles de mots

audace	escroc	cambriolage
voler	adroit	aplomb
habileté	assurance	prévenant
jaloux	envieux	troubler
attentif	délicatesse	virtuose
gène	embarrassé	convoiter

Pour aller plus loin

Contexte de l'œuvre

Arsène Lupin fait son apparition au cours de la Belle Époque, marquée par l'Exposition universelle de 1900, où le monde entier se donnait rendez-vous à Paris. Le début du XXe siècle est sous le signe de la prospérité économique et de l'essor des nouvelles techniques. La « fée électricité » vient éclairer les foyers, c'est l'époque des premiers avions, des premières automobiles. Arsène Lupin profite pleinement des progrès technologiques de son temps. Il explore le monde en découvrant les joies de la vitesse, du télégraphe, du disque… Il est l'incarnation du Français léger de cette période foisonnante et inventive.

Les aventures d'Arsène Lupin qui succèdent à cette période frivole sont influencées par la gravité de la Grande Guerre. Le gentleman cambrioleur est un patriote exalté et s'engage dans l'aviation. Après le traumatisme de la Première Guerre mondiale, Arsène Lupin redevient le voleur désinvolte et l'aventurier mondain dans le Paris des Années folles.

Naissance des aventures d'Arsène Lupin

En 1905, la première aventure d'Arsène Lupin paraît dans le mensuel illustré *Je sais tout*, fondé par Pierre Lafitte. Fasciné par le succès que connaît l'illustre détective anglais, Sherlock Holmes, l'éditeur soumet à Maurice Leblanc la création d'un héros « bien français ». C'est *L'Arrestation d'Arsène Lupin* qui ouvre la saga du gentleman cambrioleur.

L'enthousiasme du public est tel que Pierre Lafitte commande d'autres histoires mettant en scène l'intrépide voleur à Maurice Leblanc. Dès lors, les lecteurs suivent avec assiduité les exploits de Lupin édités en feuilletons. En 1907, les neuf premières nouvelles sont réunies dans *Arsène Lupin, gentleman cambrioleur*. À partir de *813* les aventures paraissent dans *Le Journal*. La popularité du héros est considérable et Maurice Leblanc lui consacrera 16 romans, 37 nouvelles et 4 pièces de théâtre en près de trente-cinq ans !

Qui est Arsène Lupin ?

Arsène, Raoul, Lupin vient au monde en 1874, à Blois, fils d'Henriette d'Andrézy et de Théophraste Lupin. Il étudie le droit, la médecine, le grec et le latin classique et sera initié aux sports de combat. Cette formation complète fera de lui « une âme intrépide dans un corps inattaquable ». Très jeune, il se lance dans le cambriolage et, dès *813*, on découvre qu'il est inculpé pour 344 affaires de vols, escroqueries, chantages, recels !

Amateur d'art et d'objets précieux, il subtilise ce qu'il désire posséder. Lupin est un esthète ; il cache dans l'aiguille creuse *La Joconde* de Léonard de Vinci, des Botticelli, des Rembrandt... Chaque vol est un défi pour cet orfèvre du cambriolage qui éventre les coffres-forts avec la méticulosité d'un chirurgien armé de son scalpel.

Homme du monde, distingué et cultivé, Arsène Lupin fréquente les milieux de l'aristocratie afin de profiter du luxe de la haute société. Il dépense des sommes extravagantes en parfums de chez Guerlain pour son usage personnel. En véritable dandy, il cultive l'art de l'apparence : toujours tiré à quatre épingles, c'est le seul criminel à aller au bain turc chaque vendredi pour maintenir sa ligne !

Son visage n'est jamais décrit précisément. Surprenant et inattendu, le héros de Leblanc s'amuse à changer d'identité au gré de ses envies et des enjeux. Tel un prestidigitateur, il manie avec brio l'art du travestissement et choisit un nouveau masque à chacune de ses aventures.

Non violent, le célèbre brigand n'a jamais recours au meurtre pour parvenir à ses fins car ses armes de prédilection sont le trait d'esprit et un solide sens de la répartie. Dans les premiers *Arsène Lupin* cependant, le gentleman n'est pas toujours tendre avec ses adversaires et se venge durement.

Incorrigible séducteur, il vit au-dessus de ses moyens et emmène ses conquêtes au *Ritz*, au *Danieli* de Venise. Mais il perd souvent celles qu'il aime. La mort de Raymonde de Saint-Véron dans *L'Aiguille creuse* l'affectera profondément. Il n'est donc pas si infaillible que ça !

Sources d'inspiration

Maurice Leblanc se serait inspiré des exploits de l'anarchiste Alexandre Marius Jacob pour créer le personnage d'Arsène Lupin. Ennemi radical de toute hiérarchie, il finançait ses actions politiques et militantes en dévalisant les banques, les nantis et les églises. Arsène Lupin, lui, est plutôt un marginal qui n'obéit qu'à ses propres lois. Anticonformiste, justicier hors-la-loi, il s'en prend à l'aristocratie en se mettant au service des pauvres, même si dans les premiers épisodes il n'agit que pour son compte.

L'auteur emprunte le nom de son héros à celui

d'un conseiller municipal de Paris, Arsène Lopin, connu pour ses détournements d'argent. Mais Leblanc devra choisir le nom d'Arsène Lupin.

Ce qui fait le succès des *Arsène Lupin*

Si les aventures de ce brigand insolite sont si captivantes, c'est qu'elles sont truffées de péripéties surprenantes. Toutes les ficelles du roman d'aventures sont exploitées. Il y est toujours affaire de chasses au trésor avec d'obscurs messages à déchiffrer et des passages secrets à découvrir. Arsène Lupin nous stupéfait lorsqu'il résout des énigmes millénaires, comme celle de la disparition du collier de la reine Marie-Antoinette, au nez et à la barbe des plus grands détectives. Quatre grandes énigmes ponctuent les aventures du héros : « le chandelier à sept branches », « la fortune des rois de France », « la dalle des rois de Bohème » et « in robore fortuna ». Leur élucidation est passionnante.

Le héros fait donc des incursions dans l'Histoire pour démêler une affaire et en savoir plus sur le passé du tableau ou du bijou qu'il convoite. Il se fait aussi l'écho de l'actualité de son époque et des scandales financiers et politiques, comme lorsqu'il fait allusion à la crise du canal de Panama dans *Le Bouchon de cristal*.

Les nombreux rebondissements sont accentués par l'utilisation des masques et des déguisements qui rendent notre héros d'autant plus prodigieux. Il s'amuse à faire éclater la vérité par des coups d'éclat et, tel un caméléon, change d'identité.

Maurice Leblanc se révèle ainsi un véritable virtuose de la tromperie en multipliant les trucages et les astuces pour prendre au piège son lecteur.

Le renouveau du roman policier et d'aventure

Si Arsène Lupin s'inscrit dans la lignée du justicier vengeur du roman populaire, il est aussi l'héritier des personnages créés par Edgar Poe et Conan Doyle : Dupin et Sherlock Holmes. Le début du XXe siècle voit l'apparition de figures emblématiques du roman policier et d'aventure. L'essentiel de l'intrigue de ces romans repose davantage sur la résolution d'une énigme que celle d'un crime et sur les moyens mis en œuvre pour élucider un mystère. L'apport des sciences exactes influence les méthodes d'investigation de ces nouveaux enquêteurs qui privilégient l'esprit de synthèse et l'observation.

Mais si le personnage d'Arsène Lupin est un féru d'énigmes à résoudre, c'est avant tout un cambrioleur espiègle rivalisant d'intelligence avec la police, qu'il se plaît à ridiculiser. Il n'a rien d'un austère redresseur de torts et ses aventures ménagent un suspens plein d'humour. Notre héros, version mondaine et moderne de Robin des Bois, évolue dans un monde de jeu et d'insouciance.

Maurice Leblanc, confident d'Arsène Lupin ?

Dès sa création, la silhouette du gentleman cambrioleur s'impose comme l'une des figures les plus populaires du roman policier, et Leblanc devra renoncer à faire mourir son héros. L'auteur peine à imposer ses autres créations littéraires. La créature devient étouffante : « Il me suit partout. Il n'est pas mon ombre, je suis son ombre. »

Son personnage de fiction finit par s'immiscer dans la réalité et Maurice Leblanc s'amuse à semer le trouble dans l'esprit de ses lecteurs en prétendant être le confident et le biographe d'Arsène Lupin. Ainsi, dans la nouvelle *Le Sept de cœur*, il raconte sa rencontre avec Lupin dans la nuit du 22 au 23 juin 1902 : « Et voilà comment j'ai connu Arsène Lupin. Voilà comment j'ai su que Jean Daspry, camarade de cercle, relation mondaine, n'était autre qu'Arsène Lupin, gentleman cambrioleur. Voilà comment [...] je suis devenu son très humble, très fidèle et très reconnaissant historiographe. » Arsène Lupin a-t-il vraiment existé ? L'absence de certitude à ce sujet rend cette œuvre encore plus captivante !

Quelques lieux et personnages lupiniens

Le pays de Caux : région de Normandie en Seine-Maritime. Raoul d'Avenac, alias Arsène Lupin, en parle de cette façon : « L'estuaire de la Seine, le pays de Caux ! Toute ma vie est là... » Maurice Leblanc s'est long-temps inspiré de cette région dont il était originaire.

L'aiguille d'Étretat : localisée près de la falaise d'Aval, c'est le repaire et le quartier général d'Arsène Lupin et le coffre-fort des rois de France si l'on en croit les révélations de *L'Aiguille creuse*.

Herlock Sholmes : Maurice Leblanc utilisera astu-cieusement cette anagramme suite aux récla-mations de Conan Doyle. Ses irruptions sont fré-quentes car seul un esprit de déduction comme le sien peut rivaliser avec l'ingéniosité de notre virtuose du cambriolage.

Justin Ganimard : l'inspecteur est déjà présent dans *L'Arrestation d'Arsène Lupin*, sur le quai de New York. Il n'a de cesse de traquer Arsène. Persévérant, il réussira à le déloger de son aiguille.

Postérité de l'œuvre

Figure insolite du roman policier et d'aventure, Arsène Lupin est devenu un véritable mythe populaire en France et dans le monde entier. On retrouve un peu des ingrédients qui l'ont rendu célèbre dans des personnages comme Hercule Poirot, Simon Templar, James Bond et les détectives « privés » des séries télévisées. Sa renommée ne s'est jamais démentie et il continue de fasciner les esprits.

Cependant, Arsène Lupin est souvent envisagé comme un stéréotype, prisonnier de l'image du séducteur drôle et souriant. La complexité de ses états d'âme est passée à la trappe. Arsène Lupin n'est pas toujours le dandy sans faille qui est présenté : il tente de se suicider dans *813* et il connaît des déboires avec les femmes.

Arsène Lupin *à la télévision*

Fidèle au mode feuilletonesque, Lupin fait sa réapparition avec succès à la télévision.

Deux saisons de la série intitulée *Les Aventures d'Arsène Lupin* seront consacrées au célèbre brigand avec, dans le rôle titre, Georges Descrières, l'un de ses plus célèbres interprètes. La série, constituée de 26 épisodes est diffusée en 1970-1971 puis en 1973-1974. Les musiques de Jacques Lanzmann interprétées par Jacques Dutronc, *L'Arsène* et *Gentleman cambrioleur*, ont également contribué à la réussite de la série.

En 1980, c'est Jean-Claude Brialy qui devient le héros mythique durant 6 épisodes dans *Arsène Lupin joue et perd*. Il en fait un personnage fragile et tourmenté. Le réalisateur, Alexandre Astruc, a fidèlement adapté *813* : son Arsène est l'homme sombre et calculateur inventé par Leblanc. C'est la meilleure adaptation et incarnation du personnage.

De 1989 à 1990, *Le Retour d'Arsène Lupin* est une série de 12 épisodes d'aventures inédites des années trente, au cours desquelles Lupin rencontre les peintres Magritte, Dali, le physicien Einstein, l'actrice Brooks... avec François Dunoyer, qui propose une interprétation fantaisiste du héros.

De 1995 à 1996, il joue dans 8 autres épisodes des *Nouveaux Exploits d'Arsène Lupin*.

François Dunoyer et Yolande Folliot

Arsène Lupin *au cinéma*

De 1916 à 1920 le cinéma muet s'empare du gentleman cambrioleur. Les premiers longs métrages sont américains car Hollywood s'était approprié les droits des romans de Maurice Leblanc. Citons entre autres *Arsene Lupin* de George Loane Tucker en 1916.

Les aventures de Lupin seront adaptées dans le monde entier. Voici répertoriés les films les plus connus parmi lesquels celui d'Édouard Molinaro, servi par l'interprétation de Jean-Claude Brialy, Jean-Pierre Cassel et Françoise Dorléac. Cette comédie policière en noir et blanc renoue avec l'esprit enlevé des romans de Maurice Leblanc.

Année	Titre	Réalisateur	Acteur jouant Arsène Lupin	Pays
1932	*Arsène Lupin*	Jack Conway	John Barrymore	États-Unis
1937	*Arsène Lupin détective*	Henri Diamant	Jules Berry	France
1938	*Le Retour d'Arsène Lupin*	George Fitzmaurice	Melvyn Douglas	États-Unis
1956	*Les Aventures d'Arsène Lupin*	Jacques Becker	Robert Lamoureux	France
1959	*Signé Arsène Lupin*	Yves Robert	Robert Lamoureux	France
1962	*Arsène Lupin contre Arsène Lupin*	Édouard Molinaro	Jean-Claude Brialy et Jean-Pierre Cassel	France

Arsène lupin *au théâtre*

Maurice Leblanc écrit quatre versions de Lupin pour la scène dont celle de 1908, *Arsène Lupin,* avec André Brulé dans le rôle-titre. Elle sera jouée au Théâtre de l'Athénée et reprise dans les années quarante. L'adaptation théâtrale de Gilles Gleizes, *Le Secret de l'aiguille creuse* (1997), s'intéresse au caractère divin du personnage, qui, tel un Protée, change de forme à volonté, et, tel un héros tragique, est poursuivi par une malédiction : l'échec de ses histoires d'amour.

Arsène Lupin *en bande dessinée*

Voici quelques titres parus aux éditions Soleil productions et écrits par Duchateau et Dreze : *813 :*

La Double Vie, *Le Bouchon de cristal*, *Victor de la brigade mondaine*, *L'Aiguille creuse*…

Le gentleman cambrioleur existe aussi en version manga depuis 1967 : *Lupin III* de Monkey Punch (alias Kazuhiro Katô).

Arsène Lupin *en film d'animation*

La société canadienne Cinar a réalisé 26 épisodes en 1995-1996 inspirés des péripéties de Lupin : *Nighthood, les exploits d'Arsène Lupin*.

Six long métrages ont été adaptés du manga de Monkey Punch. Seuls les deux premiers ont été traduits en français dont celui de Hayao Miyazaki (l'auteur de *Princesse Mononoké*).

Arsène Lupin *sur Internet*

Il ne fait aucun doute qu'Arsène Lupin aurait adoré « surfer sur le net » pour perfectionner et multiplier ses cambriolages !

http://www.arsene-lupin.com/

C'est le site officiel d'Arsène Lupin, réalisé par la petite fille de Maurice Leblanc, Florence Boespflug Leblanc. Outre les précieuses informations sur l'univers lupinien, le site est aussi une invitation à se rendre au Clos Lupin, au cœur d'Étretat, lieu de vie et d'écriture de l'auteur.

http://www.arte-tv.com/thema/arsene/ftext/

Un aperçu des adaptations filmographiques et théâtrales ainsi que des liens très précieux. L'ensemble est agrémenté de photos extraites de films et d'affiches du début du XXe siècle.

Http://www.sfu.ca/~whw/arsene.html

Ce site anglais fait l'inventaire des déguisements de Lupin. D'autres curiosités valent le détour…

Titres de la collection
dans la nouvelle version

Niveau 1 : 500 à 900 mots

Carmen, Prosper Mérimée
Les Misérables, tome 1 de Victor Hugo
Les Misérables, tome 2 de Victor Hugo
Le Tour du monde en 80 jours de Jules Verne
Les Trois Mousquetaires, tome 1 d'Alexandre Dumas
Les Trois Mousquetaires, tome 2 d'Alexandre Dumas
Contes de Perrault

Niveau 2 : 900 à 1 500 mots

Le Comte de Monte-Cristo, tome 1 d'Alexandre Dumas
Le Comte de Monte-Cristo, tome 2 d'Alexandre Dumas
Germinal d'Émile Zola
Les Misérables, tome 3, de Victor Hugo
Les Lettres de mon moulin d'Alphonse Daudet
Les Aventures d'Arsène Lupin de Maurice Leblanc
Notre-Dame de Paris, tome 1 de Victor Hugo
Notre-Dame de Paris, tome 2 de Victor Hugo
Cyrano de Bergerac d'Edmond Rostand
Sans famille de Hector Malot
Le Petit Chose d'Alphonse Daudet
20 000 lieues sous les mers de Jules Verne
Cinq contes de Guy de Maupassant

Niveau 3 : 1 500 mots et plus

Maigret tend un piège de Georges Simenon
La Tête d'un homme de Georges Simenon

Imprimé en France par I.M.E.
Dépôt légal n° 72652-05/2006 - Collection n° 04 - Édition n° 04
15/5280/1